国家自然科学基金青年项目（71602137），山西省高等学校
项目（2017315），山西省哲学社会科学规划课题（2019B038、2019B044），
山西省回国留学人员科研资助项目（2017-043），中国工程院重大咨询项目子
课题二（2018-ZD-11-02），太原理工大学一流学科青年学术骨干培育项目

煤炭企业产学研协同创新研究

陈怀超　范建红　著

知识产权出版社
全国百佳图书出版单位
—— 北 京 ——

图书在版编目（CIP）数据

煤炭企业产学研协同创新研究 / 陈怀超，范建红著 . —北京：知识产权出版社，2020.11

ISBN 978-7-5130-7259-5

Ⅰ . ①煤… Ⅱ . ①陈… ②范… Ⅲ . ①煤炭企业—产学研一体化—研究—中国 Ⅳ . ① F426.21

中国版本图书馆 CIP 数据核字（2020）第 204423 号

内容提要

本书在参考大量文献，借鉴"三螺旋"理论、资源基础理论、产业组织理论和灰色系统理论的基础上，针对煤炭企业产学研协同创新展开了分析，测算了其协同创新的程度，明晰了其协同创新的影响因素，探究了其协同创新与技术创新质量的关系，从而为其协同创新提供了理论依据，不仅可以为煤炭企业以及学研方参与产学研协同创新活动提供建议，也可以为其创新发展提供参考。

本书适合煤炭企业管理者在开展产学研协同创新时借鉴，也可供煤炭和能源管理等领域的本科生和研究生参考使用。

责任编辑：张　珑　　　　　　　　　　责任印制：孙婷婷

煤炭企业产学研协同创新研究
MEITAN QIYE CHANXUEYAN XIETONG CHUANGXIN YANJIU

陈怀超　范建红　著

出版发行：知识产权生版社 有限责任公司	网　　址：http://www.ipph.cn
		http://www.laichushu.com
电　　话：010-82004826	
社　　址：北京市海淀区气象路 50 号院	邮　　编：100081
责编电话：010-82000860 转 8363	责编邮箱：laichushu@cnipr.com
发行电话：010-82000860 转 8101	发行传真：010-82000893
印　　刷：北京九州迅驰传媒文化有限公司	经　　销：各大网上书店、新华书店及相关专业书店
开　　本：720mm×1000mm　1/16	印　　张：11
版　　次：2020 年 11 月第 1 版	印　　次：2020 年 11 月第 1 次印刷
字　　数：155 千字	定　　价：68.00 元

ISBN 978-7-5130-7259-5

前　言

随着中国经济转型发展以及建设创新型国家的战略需要，相关产业开始调整结构，改革创新逐渐被提上日程。与此同时，煤炭行业也在积极地进行产业升级和创新发展。但是，煤炭行业仍然属于资源密集型产业，整体依然呈现资源利用率低、创新水平不高等问题。作为中国的能源支柱产业，煤炭的生产能力和创新水平会对国家的整体经济水平和创新发展产生较大影响。可见，如何解决煤炭行业存在的问题尤为关键。一般来说，煤炭企业的发展不能仅仅依靠产业自身，还需要从学研方等外部利益者那里借力。因此，煤炭行业应该围绕社会发展和相关行业的现实需求，加强基础研究，推进产学研深度融合，完善产学研主体间的合作机制，切实增强自身的科技创新能力，实现更大的经济效益和社会效益。

对相关文献梳理后可知，众多学者对产学研协同创新展开了具体的研究，涵盖产学研协同创新的内涵和模式、产学研协同创新主体的作用和动机以及产学研协同创新的绩效评价、影响因素和宏观后果。对于煤炭产学研而言，部分文献研究了煤炭行业高校产学研协同创新的影响因素、煤炭产学研协同创新网络平台、煤炭行业产学研协同创新网络以及大型煤炭企业产学研合作创新过程中存在的问题及对策等。但是，当前以煤炭企业为主体的产学研协同创新的研究不够深入，缺乏对煤炭企业产学研协同创新程度的测算。同时，相关研究也未能深入探究煤炭企业产学研协同创新的影响因素。此外，煤炭企业产学研协同创新会对国家创新发展产生影响，但目前同样缺乏对煤炭企业产学研协同创新与技术创新质量关系的研究。基于此，为弥补现有研究的不足，本书首先依据"三螺旋"理论，以煤炭企业产学研协同创新为研究主题，测算了煤炭企业产学研协同创新的程度。其次，基于资源基础理论和产业组织理论，梳理煤炭企业产学研协同创新的内外部影响因素，深入探究不同因素对煤炭企业产学研协同创新的影响。最后，根据灰色系统理论，采用灰色关联分析法探究煤炭企业产学研协同创新与技术创新质量的关系，从而明晰二者的关系。

围绕研究主题，本书开展了如下的研究工作：首先，对产学研协同创新的相关研究进行了梳理，回顾了"三螺旋"理论、资源基础理论、产业组织理论和灰色系统理论，为本书的研究提供了相应的文献和理论依据，明确了研究主题，并为后续研究奠定了基础。其次，描述了煤炭基本情况、煤炭开采情况以及规模以上煤炭开采和洗选企业经营情况，并分析了中国产学研的发展政策、各国产学研的发展经验以及产学研协同创新的发展要求。再次，在构建煤炭企业产学研协同创新指标体系的基础上，通过建立复合系统协同度模型，测算煤炭企业产学研协同创新的程度。然后，明晰了煤炭企业产学研协同创新的内外部影响因素，运用 Stata 软件对所获取数据进行了多元回归分析，从而得出不同因素对煤炭企业产学研协同创新的差异化影响。接着，通过构建煤炭企业产学研协同创新与技术创新质量的灰色关联度模型，考察煤炭企业产学研协同创新与技术创新质量之间的关联程度。最后，得出研究结论，提出了针对煤炭企业、高校和科研机构以及政府等参与主体协同创新发展的对策，并指出了现有研究不足和未来研究方向。

依据所开展的工作，本书得出了如下结论：首先，2004—2017 年煤炭企业产学研创新系统整体协同度以及各两两子系统之间的协同度均表现为整体上升，但具体变化趋势不同。其中，产学研系统整体协同度、高校与科研机构子系统之间的协同度逐渐增高，协同创新程度呈现逐渐提升的趋势；而煤炭企业与高校子系统之间的协同度、煤炭企业与科研机构子系统之间的协同度整体呈现上升趋势，但存在波动现象，其协同创新程度也呈现波动上升态势。其次，不同因素对煤炭企业产学研协同创新呈现差异化的影响。具体而言，内部因素中的煤炭企业吸收能力、煤炭企业家精神、煤炭企业人员素质和煤炭企业规模，以及外部因素中的经济发展水平能够显著影响产学研系统整体、煤炭企业与高校子系统以及煤炭企业与科研机构子系统的协同创新；而外部因素中的政府资助力度仅对煤炭企业与高校子系统以及煤炭企业与科研机构子系统协同创新产生显著作用，但对产学研系统整体协同创新的影响不显著。最后，产学研系统整体及煤炭企业、高校与科研机构两两子系统之间协同创新均和技术创新质量的关系密切，具体与技术创新质量的关联度从大到小依次为：煤炭企业与高校子系统协同创新、产学研系统整体协同创新、企业与科研机构子系统协同创新以及高校与科研机构子系统协同创新。

本书的研究结论可以为煤炭企业产学研协同创新的参与主体提供合理的发展

思路和建议，推动煤炭企业产学研协同创新持续、稳定的发展，促进技术创新质量的提升。首先，加强煤炭企业、高校和科研机构三大主体之间的协同创新。一方面，从投入产出视角出发，促进煤炭企业、高校和科研机构三大主体的协同创新；另一方面，从协同度变化趋势出发，稳步提升三大主体的协同创新。其次，厘清影响因素，促进煤炭企业产学研协同创新。煤炭企业需要权衡吸收能力、企业家精神和人员素质对产学研协同创新产生的影响，避免煤炭企业聚焦内部的"锁定效应"，促进内部创新和外部协同的均衡发展；在可持续发展情况下，煤炭企业需要合理扩大规模；要把握经济发展为煤炭企业产学研协同创新带来的机会，扩大协同效应；政府相关部门应重视对煤炭企业的扶持，推动产学研活动顺利开展。最后，通过产学研协同创新，提升技术创新质量。一方面，提高煤炭企业、高校和科研机构两两子系统之间的协同创新程度，提高技术创新质量；另一方面，促进煤炭企业产学研系统整体的协同创新，提高技术创新质量。

本书的创新点主要体现在三个方面：第一，研究视角具有一定的创新性。本书从煤炭企业视角入手，选择煤炭企业产学研作为研究对象，深入探究煤炭企业、高校和科研机构之间的协同创新。第二，研究内容具有一定的创新性。本书通过构建煤炭企业产学研协同创新系统指标体系并建立协同度模型，测算了煤炭企业的产学研协同创新程度，进而明确了煤炭企业产学研协同创新的影响因素，并探究了煤炭企业产学研协同创新与技术创新质量的关系，最终建立起相对完整的煤炭企业产学研协同创新的研究框架，从而既丰富了产学研协同创新的相关研究，也能为煤炭企业以及学研方的创新发展提供思路。第三，研究情境具有一定的创新性。本书落脚于煤炭企业，在借鉴一些发达国家产学研活动经验的基础上，探讨了中国的煤炭企业产学研协同创新问题，丰富了中国情境下产学研协同创新的研究。

目　录

图目录

表目录

第1章 绪 论

1.1 研究背景与意义

1.1.1 研究背景

1. 现实背景

煤炭产业是中国的能源支柱产业。作为关键的战略资源,煤炭在国家能源体系中占据着重要地位(韩素娟,2014),关系着国家创新战略的实现,关系着经济社会的可持续健康发展(经曼,2016)。随着国家"供给侧改革"政策的推进,2016年全国煤炭行业的去产能任务超额完成。但煤炭行业属于资源密集型产业(宋彧,田亚飞,2016),在现如今的发展中仍然存在很多问题,如经营粗放、企业创新缓慢等。国家和政府有关部门不断出台相关文件并制定合理政策,致力于化解煤炭产能过剩,促进煤炭供需平衡,帮助煤炭企业转型升级,推动煤炭产业创新发展。

在建设创新型国家的背景下，煤炭企业本身有强烈的创新需求（于洋，2013），而且，多方参与的产学研协同创新能够帮助煤炭企业实现产业转型升级。正如王帮俊等（2015）所言，作为煤炭行业摆脱困境的有效途径，产学研协同创新能够充分发挥其在产业转型和升级中的作用。煤炭企业产学研协同创新一方面有利于高校和科研机构的研究导向，促进自身科研发展和成果转化；另一方面有利于煤炭企业获取技术和知识，突破技术瓶颈，推动技术创新（王帮俊等，2015），进而提高自身的创新能力。韩素娟（2014）同样提倡开放式的产学研协同创新方式，认为这一方式有利于创新资源的整合和创新成果的共享，可以有效提高整个产学研系统的核心竞争力，乃至带动整个产业的发展。可见，煤炭企业与高校和科研机构进行协同创新，通过各主体之间的良好互动，能够实现"1+1+1>3"的创新倍增效应，促进三大主体的创新发展，实现可持续发展。党的十九大报告明确提出，应加快建立以企业为主体、市场为导向、产学研深度融合的技术创新体系。因而，研究煤炭产学研协同创新有着重要的现实意义，不仅能够帮助煤炭企业自身实现转型发展，积极促进高校和科研机构创新成果转化，而且能够推动国家创新发展，提升技术创新质量，实现多赢。

2. 理论背景

对相关文献梳理后可以发现，产学研协同创新的研究得到了学者较多关注（Jung，Andrew，2014；Tu et al.，2017；Luo et al.，2017；Xu et al.，2018），但以煤炭企业为出发点的探讨依然不足。就煤炭产学研的相关研究而言，夏宗洋等（2018）通过构建解释结构模型，分析了煤炭行业高校产学研协同创新发展的影响因素；经曼（2016）对煤炭行业高校的产学研协同创新程度进行了评价，并分析了煤炭行业高校产学研协同创新的影响因素；宋彧和田亚飞（2016）从理论视角探讨了中国大型煤炭企业产学研合作创新中存在的问题及其相应对策；王帮俊等（2015）采用"三螺旋"理论模型分析了煤炭产学研协同创新网络平台问题；韩素娟（2014）采用博弈论和小世界网络探讨了煤炭行业产学研协同创新网络运行效率。可见，这些研究鲜有对煤炭企业产学研协同创新程度进行评价。有学者（蒋伏心等，2015）指出，可以采用协同度模型衡量产学研协同创新问题，现有研究也缺乏采用协同度模型对煤炭企业产学研协同创新进行考察。

一般而言，产学研三大主体的协同创新会受到一些因素的影响，诸如企业开放度（Fontana et al.，2006）、相互信任（Plewa，Quester，2007）、稳定的合作关系（Ankrah et al.，2013）、利益分配机制和政府的科技政策（张海滨，2013）等。尽管有研究（夏宗洋等，2018；经曼，2016）分析了煤炭行业高校产学研协同创新的影响因素，但现有研究未能明晰煤炭企业产学研协同创新的影响因素，这制约了相应措施的提出。

一些文献对产学研与国家创新和区域创新的关系进行了研究，如徐继宁（2007）借助国家创新体系的理论框架，分析了英国产学研制度创新。李林和傅庆（2014）运用灰色关联分析法对三大主体创新效率、机构间创新效率差异与区域创新效率之间的关联度进行了探究。蒋伏心等（2015）使用复合系统协同度模型计算了产学研协同度，并分析了产学研协同创新与区域创新绩效的关系。原毅军和黄菁菁（2016）基于超模博弈和互补性理论，实证研究了不同创新主体的产学研合作内部溢出对区域创新产出的影响。可见，相关文献探究了产学研与区域创新效率、创新绩效和创新产出的关系。然而，技术创新质量作为衡量宏观创新效果的一个重要指标，现有文献缺乏与产学研协同创新之间关系的探讨，更缺乏以煤炭企业产学研协同创新为研究主题的探讨。

因此，本书旨在以煤炭企业为出发点，在测算煤炭企业产学研协同创新程度的基础上，明晰影响煤炭企业产学研协同创新的因素，并进一步分析煤炭企业产学研协同创新与技术创新质量的关系，从而丰富产学研协同创新的相关研究，并为煤炭企业产学研协同创新与国家创新发展提供思路。

1.1.2　研究意义

1. 理论意义

（1）以煤炭企业产学研为研究对象，深化了产学研协同创新的相关研究，有助于推动煤炭企业产学研协同创新发展。现有文献主要从工业企业、高新技术企业、高校等主体出发探究产学研协同创新问题，以煤炭企业为主体的产学研协同创新的研究不够深入。本书从煤炭企业出发，依据煤炭企业的发展现状以及产学研协同创新的相关文献和理论，构建了以煤炭企业为主体的产学研协同创新的理论框架并展开相关研究，为煤炭企业、高校与科研机构之间的协同创新发展提供理论依据。

（2）测度煤炭企业产学研协同创新，有利于明晰煤炭企业产学研协同创新程度的变化趋势。在构建煤炭企业产学研协同创新的投入产出指标体系基础上，本书通过建立复合系统协同度模型测算煤炭企业产学研协同创新程度，厘清煤炭企业产学研协同创新的发展趋势，不仅丰富了煤炭企业产学研协同创新测度的相关研究，更重要的是为煤炭企业产学研协同创新的后续研究提供参考和依据。

（3）将内外部因素纳入分析框架，有利于明晰煤炭企业产学研协同创新的影响因素。在测度煤炭企业产学研协同创新的基础上，本书进一步从内部因素和外部因素入手构建分析框架，确定每个因素的测量指标，通过多元线性回归方法验证假设，探究了煤炭企业产学研协同创新的影响因素。由此，就相关因素提出建议，为如何促进煤炭企业产学研协同创新发展提供理论依据。

（4）将煤炭企业产学研协同创新与技术创新质量纳入一个分析框架，有利于明确煤炭企业产学研协同创新与技术创新质量的关系。在测度煤炭企业产学研协同创新的基础上，本书将产学研协同创新与国家创新结合起来，通过建立煤炭企业产学研协同创新程度与技术创新质量之间的灰色关联度模型，明确煤炭企业、高校与科研机构两两子系统之间以及系统整体与技术创新质量的关联程度，为促进整体的创新发展提供理论指导。

2. 现实意义

（1）有助于煤炭企业的创新发展。当前，部分煤炭企业存在创新动力不足、经济效益偏低等问题，为了满足煤炭企业结构优化、创新发展的新要求，煤炭企业单纯依赖自身的资金和人力投入已经难以解决发展过程中存在的问题。因而，煤炭企业需要积极与其他主体展开深层次合作，通过各主体间的信息、技术和知识共享，切实提高自身的创新能力，不仅能提高煤炭企业的经济效益，也能在合作过程中进一步扩大自身的外部正效应，实现更大的社会效益。

（2）有助于煤炭企业、高校和科研机构三大主体的协同发展。煤炭企业与高校、科研机构建立协同创新系统，彼此之间进行广泛的信息、技术和知识交流，不仅能够提升煤炭企业自身的创新能力，而且能够帮助学研方获取更多的科研经费、提高科研成果转化率等，最终实现产学研系统整体的良性运转。此外，在煤炭企业产学研协同创新理论框架中引入内外部影响因素，从而分析不同因素对煤炭企业产学研协同创新的差异化影响，能够帮助煤炭企业产学研协同创新系统更好地利用内外部环境中的优质资源，进一步促进煤炭企业产学研协同创新的发展。

（3）有助于提升技术创新质量。产学研协同创新作为影响国家创新发展的一个重要因素，其创新水平会对国家整体的创新效果产生影响。煤炭企业、高校和科研机构作为重要的创新成果产出方和科研人才输出方，均能够对国家创新产生影响。在煤炭企业、高校和科研机构构建协同创新系统之后，各主体间的交流更加频繁，合作程度更加深入，有利于充分发挥不同主体的优势，实现真正的"1+1+1 > 3"效应，进而对宏观创新效果产生影响。煤炭企业产学研协同创新的不断发展，会为技术创新质量提升提供更多动力。

1.2　研究内容

第 1 章，绪论。本章主要论述了煤炭企业产学研协同创新的研究背景和研究意义，包括当前煤炭企业产学研协同创新的现实和理论背景，以及开展本研究的现实和理论意义，并且介绍了本书的研究内容、研究方法、技术路线以及创新点等。

第 2 章，文献综述与理论回顾。本章首先梳理了产学研协同创新的相关研究，包括产学研协同创新的内涵和模式、产学研协同创新主体的作用和动机以及产学研协同创新的绩效评价、影响因素和宏观后果。其次，介绍了"三螺旋"理论、资源基础理论、产业组织理论和灰色系统理论，从而为本书的后续研究提供文献和理论基础。

第 3 章，煤炭企业与产学研发展概述。本章首先分析了基于年度数据的煤炭基本情况、煤炭开采情况以及规模以上煤炭开采和洗选企业经营情况，从而更全面地了解煤炭企业的发展现状。其次，对国内外的产学研发展进行概述，包括中国产学研的发展政策、各国产学研的发展经验以及产学研协同创新的发展要求。

第 4 章，煤炭企业产学研协同创新程度的测算。本章在"三螺旋"理论的基础上，构建了煤炭企业、高校和科研机构三大子系统的评价指标体系，并通过复合系统协同度模型，测算了 2004—2017 年煤炭企业产学研系统整体及两两子系统之间的协同度，以期了解煤炭企业产学研协同创新的发展情况，为后续煤炭企业产学研协同创新的相关研究奠定基础。

第 5 章，煤炭企业产学研协同创新的影响因素。本章在利用复合系统协同度模型测算 2004—2017 年煤炭企业产学研协同创新程度的基础上，依据资源基础理论和产业组织理论，提出煤炭企业产学研协同创新的影响因素，包括内部因素中的煤炭企业吸收能力、煤炭企业家精神、煤炭企业人员素质和煤炭企业规模，以及外部因素中政府资助力度和经济发展水平，并采用多元线性回归方法进行了实证验证，从而明晰影响煤炭企业产学研协同创新发展的关键因素所在。

第6章，煤炭企业产学研协同创新与技术创新质量的关系。本章利用灰色关联分析法，研究了煤炭企业产学研协同创新与技术创新质量的关系，明确了产学研系统整体和两两主体之间的协同创新对技术创新质量的影响，从而为技术创新质量的提升提供对策。

第7章，结论与建议。本章首先列出了研究结论，包括煤炭企业产学研协同创新的程度，不同因素对煤炭企业产学研协同创新的差异化影响，以及煤炭企业产学研协同创新与技术创新质量的关联程度。在此基础上，针对煤炭企业、高校、科研机构以及政府提出了一些切实可行的建议，以期打造良好的环境，促进煤炭企业产学研协同创新的发展以及技术创新质量的提升。最后，本章指出了研究的不足之处，并对未来研究进行了展望。

1.3　研究方法与技术路线

1.3.1　研究方法

1. 文献分析法

本书利用中外文数据库以及相关网站等各种途径，收集并阅读了大量的国内外文献和资料，梳理了产学研协同创新的各种理论，对不同学者的研究观点进行总结提炼，最终确定了本书的研究思路和理论框架。

2. 协同度模型

本书构建了煤炭企业产学研协同创新系统，包括煤炭企业、高校和科研机构三大子系统，采用复合系统协同度模型，通过确定各创新系统序参量指标体系、调整各子系统序参量的有序度以及计算各子系统的有序度，最终得到煤炭企业、高校和科研机构创新两两子系统之间以及系统整体的协同度，从而明晰了煤炭企业产学研协同创新的发展情况。

3. 多元线性回归方法

本书构建了煤炭企业产学研协同创新的影响因素模型，运用 Stata 软件，采用多元线性回归方法，实证分析了煤炭企业吸收能力、煤炭企业家精神、煤炭企业人员素质、煤炭企业规模、政府对煤炭企业的资助力度、经济发展水平六个因素对产学研系统整体协同创新、煤炭企业与高校子系统协同创新、煤炭企业与科研机构子系统协同创新的影响。

4. 灰色关联分析法

本书通过构建灰色关联度模型，测算参考数列（技术创新质量）和各个比较数列（煤炭企业与高校子系统协同度序列、煤炭企业与科研机构子系统协同度序列、高校与科研机构子系统协同度序列、产学研系统整体协同度序列）之间的关联程度，明晰了煤炭企业产学研协同创新与技术创新质量的关系。

1.3.2 技术路线

技术路线如图 1-1 所示。

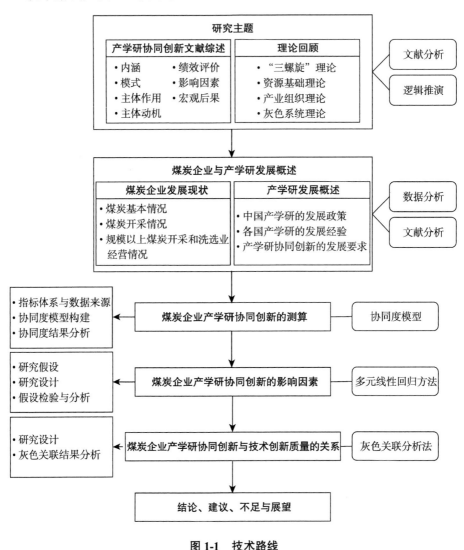

图 1-1 技术路线

1.4　研究创新点

（1）研究视角具有一定的创新性。

考虑到现有文献未能从煤炭企业出发深入研究产学研协同创新问题，本书从煤炭企业的视角出发，选择煤炭企业产学研协同创新作为研究主题，深入探究煤炭企业、高校和科研机构之间的协同创新，既深化了产学研协同创新的相关研究，也能为煤炭企业的创新发展提供思路。

（2）研究内容具有一定的创新性。

本书通过构建煤炭企业产学研协同创新指标体系，并利用复合系统协同度模型，测量了煤炭企业产学研协同创新的程度。在此基础上，探究了煤炭企业产学研协同创新的影响因素以及煤炭企业产学研协同创新与技术创新质量的关系，最终建立起相对完整的煤炭企业产学研协同创新的研究框架。

（3）研究情境具有一定的创新性。

本书在借鉴一些发达国家产学研经验的基础上，立足于中国产学研协同创新发展的实际，对中国的煤炭企业产学研协同创新展开探讨，丰富了中国情境下产学研协同创新的相关研究。

第 2 章　文献综述与理论回顾

2.1　文献综述

2.1.1　产学研协同创新的内涵

1. 产学研协同创新的定义

（1）创新的定义。

创新，顾名思义，即创造新的事物。《广雅》中曾提出"创，始也"。《魏书》《周书》中都曾出现创新一词。创新一般是指人类在认识和改造客观世界和主观世界的实践中获得新知识、新方法的过程与结果（乔梅等，2010）。一些学者（Freeman，Soete，1997）也认为，创新体现为一种外来的新思想、新产品、新材料和新工艺的使用。1912 年，经济学家熊彼特首次提出创新理论，他指出，创新的本质在于建立一种新的生产函数，重新组合各种生产要素，并将其视为经济增长的内生因素，同时指出了创新的五种形式：新产品创新、新生产方式创新、新市场创新、新供应来源创新和新工业组织创新。

（2）协同的定义。

在中国，自古便出现了"协同"一词。例如，《汉书·律历志（上）》中的"咸得其实，靡不协同"；《后汉书·桓帝纪》中的"内外协同，漏刻之闲，桀逆枭夷"（蔡平，2004）。"协"字有"合作、协调、联合、聚合"等意思，"同"有一致、一样的含义，"协同"则有"协调配合、协同一致"的意思。而"协同（Synergy）"一词在国际上则源自一个希腊词汇"Synergos"，主要是指部门间共同合作所能实现的效益远远超过各部门独自工作的效益。Ansoff（1965）首次提出协同的思想，他指出，协同是当企业采取多元化战略时，各事业部之间进行的协同合作。Haken 在 1971 年提出了系统协同论思想，他认为，世间万物都包含着有序和无序的统一，两者之间能够相互转化。系统协同论指出，在一个系统内，若各子系统之间不能协同合作，那么系统整体必然处于混乱无序的状态甚至面临瓦解。相反，若各子系统能够展开协同合作，整合各种资源和力量，便能实现协同效应，即"1+1 > 2"的效果。唐阳（2012）认为，"协同"是指系统内外部不同要素之间的联系与相互作用，它们之间存在的有序架构、沟通合作使得整个系统创造出新的价值，从而获得原来分散个体简单汇总所无法达成的效果。

（3）协同创新的定义。

创新是一个经济学概念，而协同是一个系统科学的概念。从本质上说，创新是不同要素或资源之间的融合。显然，完整的创新必然包含不同要素之间的相互作用，高效的创新应该建立在不同要素协同的基础之上，高效的创新系统应该是一个协同系统。随着 Ansoff 对协同学与管理学的联合研究，协同创新逐渐引起了各界重视。20 世纪 70 年代，德国科学家 Haken 构建了协同学理论基础，并深入剖析了协同创新效应的作用机理。Gloor（2006）认为，协同创新是指相关的工作人员组建合作团队并通过网络交流工作思想和相关信息，从而实现共同的目标。Ketchen 等（2007）指出，协同创新是一种跨组织、跨边界的创新，需要借由不同主体间的资源共享来实现。Serrano 和 Fischer（2007）认为，协同创新是各种资源集成的过程。Davis（2011）认为，协同创新是协同理论在创新领域的延伸与应用，是将知识、技术等资源进行整合，以知识增值和创新绩效提升为核心的一种组织模式。

张钢等（1997）以"协同创新"为篇名发表论文，开创了中国协同创新理论研究的先河。陈劲和阳银娟（2012）认为，协同创新的本质是企业、政府、知识生产机构（大学、研究机构）、中介机构和用户等为了实现重大科技创新而开展的大跨度整合的创新组织模式。依据饶燕婷（2012）的观点，协同创新是指创新过程中各创新要素通过产生某种变化带来某种价值。刘丹和闫长乐（2013）指出，协同创新是创新生态系统为了提升系统协同创新绩效和系统协同创新能力，通过系统内成员的密切合作与众多创新要素的协同作用，完成创新生态系统内技术或产品从创新产生至技术扩散的整个过程。肖琳等（2018）指出，协同创新是一个复杂的动态过程，涉及参与主体的积极性和创造性，涉及跨组织、跨学科、跨行业、跨部门的协作、知识融合与扩散等。

（4）产学研协同创新的定义。

Goyal 和 Moraga-gonzalez（2001）认为，产学研协同创新是指企业、学校、科研机构等多个主体通过组建合作网络建立合作关系，实现资源共享，最终形成创新性成果。Etzkowitz 和 Leydesdorff（2000）指出，产学研协同创新是指产学研各主体通过加强彼此间的多重互动，进行优势互补，持续展开创新。

国内学者也从不同角度对产学研协同创新概念展开了论述。李雪婷和顾新（2013）认为，产学研协同创新是指在政府和社会中介服务机构的引导和推动下，产学研三大主体为了提高创新能力并实现创新战略目标，通过契约建立合作关系，推动各种资源实现有序化运动，不断促进整体效益的实现。刘春艳和陈媛媛（2018）指出，产学研协同创新是以科学新发现为导向，以利益共享、风险共担为原则，在政府以及其他中介机构的支持下，各参与方积极发挥自身优势，有效整合人才、知识、技术和管理等创新要素，促进各主体在科研、教育和产业化等方面的深度融合。

为了深入理解产学研协同创新的内涵，需要明晰产学研协同创新与产学研合作的区别，本书从产生时间、产生原因、理论基础、参与主体和特点进行了比较，如表 2-1 所示。

表 2-1　产学研合作和产学研协同创新的区别

	产生时间	产生原因	理论基础	参与主体	特点
产学研合作	19 世纪末—20 世纪初	社会分工和资源禀赋的差异	分工理论和系统理论	企业、高校和科研机构	多主体多目标，看重各合作方的自身利益
产学研协同创新	21 世纪初	旨在解决资源分散且封闭、创新效率低下和创新能力不足等问题	协同学理论、系统理论和创新理论	参与主体更为广泛，除了产学研各主体，还包括政府、金融机构以及各种社会组织	多个主体围绕统一的目标，关注彼此间的协作关系，通过利益共享、风险共担、资源交互，最终实现协同效应

资料来源：依据潘锡杨和李建清（2014）的研究整理。

2. 产学研协同创新的特点

通过文献梳理，本书认为产学研协同创新具备 7 个特点，并将其总结为"三化四性"。其中，"三化"包括动态化、多元化和多样化，"四性"包括协同性、持续性、开放性和高效性。每个特点的内涵如表 2-2 所示。

表 2-2　产学研协同创新的特点

特点	内涵
动态化	需要根据协同方的需求，动态调整研究方向和组织管理过程
多元化	参与主体众多，且涵盖多个研究领域
多样化	产学研协同创新的模式、机制以及路径等形式多样
协同性	整合多项创新资源，通过知识、技术、信息等共享，提高整体的综合效益和自身的创新能力
持续性	构建出稳定的体制机制，形成稳定的协同创新系统
开放性	面对内外部的复杂环境，呈现出开放式的动态创新
高效性	注重战略层面的协作，要求各创新主体间展开深度协作

资料来源：依据周晓阳和王钰云（2014）、王章豹等（2015）、周正阳（2018）的研究整理。

2.1.2　产学研协同创新的模式

对产学研的相关研究始于产学研合作，发展至产学研协同创新。因此，本书对产学研合作模式以及产学研协同创新模式的相关研究分别进行了梳理和分析。

1. 产学研合作模式

对于产学研合作模式，现有研究分别从合作方式、合作关系和参与主体的地位三个方面展开。

从合作方式出发，国内外学者将产学研合作模式进行了不同分类。例如，Atlan（1987）将产学合作模式分为一般性资助研究、大学中的产业协调部门、创业孵化器、产学联盟、合作研发、研发中心、科技园区 7 种。除 Atlan（1987）所提出的 7 种模式外，Lee（1996）认为，产学合作模式还应包括委托研究。Doris 等（2002）则将产学合作模式分为技术授权、联合研究、衍生公司和合作发表 4 种。Hall 等（2003）将产学合作模式分为正式的产学合作模式（如合同关系管理、技术转移办公室）和非正式的产学合作模式（如合作办学、咨询合作）两个层面。D'Este 和 Patel（2007）与 Hall 等（2003）的观点类似，他们指出，正式的产学合作包括契约管理、技术转移单元等，非正式的产学合作包括联合办学、咨询合作。Fernández-Esquinas 等（2016）将产业与大学之间的合作模式分为合作研究项目、专利、衍生创造（spin-off creation）、咨询、专业培训和非正式联系。

国内学者同样从合作方式出发，对产学研合作模式进行了分析。例如，姜照华和李桂霞（1994）指出，产学研联合是促进科技向生产力直接转化、提高市场竞争力的关键，其模式包括产学研联合体，工程研究中心，产学研联合培养人才，高等学校、科研院所与地方的定向合作，企业孵化器，技术市场等 15类。石火学（2000）认为，近 20 年来，许多高校和工厂、企业开展了多种形式的产学研结合，其典型模式可以分为产学合作教育、继续工程教育、工程研究中心、企业博士后工作站、校内产学研结合、大学科技园区 6 类。张米尔和武春友（2001）将产学研合作创新模式分为 5 类，即技术入股、提成支付、紧密合作、技术接力和自主产业化。朱桂龙和彭有福（2003）研究了产学研合作创新网络组织模式及其运作机制，并将其模式分为技术协作、契约型合作、一体化 3 种。谢科范等（2008）分析了中国产学研结合的传统模式与现代模式，并指出产学研结合的现代模式可以分为合作研发、平台运作、战略联盟和人才流动 4 种基准类别。陈立泰和叶长华（2009）根据重庆市的各高校、科研院所及企业的合作情况，把重庆市产学研合作的现有模式分为研究院、校办企业、大学科技园区、联合开发、企业附属研究院和政府与高校产学研合作。仲伟俊等（2009）从企业视角对中国产学研合作及其技术创新模式进行了分析，并对产学研合作典型模式进行了分类，具体而言，按照合作内容将其分为技术创新、人才培养、实验设备和仪器利用、信息获取；按照合作期限将其分为短期合作、长期合作；按照合作契约将其分为正式合作、非正式合作；按照合作组织形式将其分为合作成立研发小组、合作建立研发机构、产学研联盟、大学科技园等。李梅芳等（2012）分别从企业和高校两个视角，对产学研合作模式进行了实证对比分析，并将中国的产学研合作模式分为合作研发模式、人才交流咨询、合作申报课题、共建实验室与研究平台和委托模式等。姚潇颖等（2017）通过构建 logistic 回归模型对产学研合作模式及其影响因素的异质性问题进行了实证分析，指出产学研合作方式分为技术转让、联合研发、咨询服务、人才培养、非正式交流、设备共享和其他。表 2-3 对基于合作方式的产学研合作模式相关研究进行了梳理。

表 2-3　基于合作方式的产学研合作模式

学者（时间）	合作模式
Atlan（1987）	一般性资助研究、大学中的产业协调部门、创业孵化器、产学联盟、合作研发、研发中心、科技园区
Lee（1996）	除了 Atlan（1987）所提出的 7 种模式，还包括委托研究
Doris 等（2002）	技术授权、联合研究、衍生公司和合作发表
Hall 等（2003）	产学合作的正式模式包括合同关系管理、技术转移办公室，非正式模式包括合作办学、咨询合作等
D'Este 和 Patel（2007）	基于正式的产学合作模式（如契约管理、技术转移单元）、基于非正式的产学合作模式（如联合办学、咨询合作）
Fernández-Esquinas 等（2016）	合作研究项目、专利、衍生创造、咨询、专业培训和非正式联系
姜照华和李桂霞（1994）	产学研联合体，工程研究中心，产学研联合培养人才，高等学校、科研院所与地方的定向合作，企业孵化器，技术市场等 15 类
石火学（2000）	产学合作教育、继续工程教育、工程研究中心、企业博士后工作站、校内产学研结合、大学科技园区
张米尔和武春友（2001）	技术入股、提成支付、紧密合作、技术接力、自主产业化
朱桂龙和彭有福（2003）	技术协作、契约型合作、一体化
谢科范等（2008）	合作研发、平台运作、战略联盟、人才流动
陈立泰和叶长华（2009）	研究院、校办企业、大学科技园区、联合开发、企业附属研究院、政府与高校产学研合作
仲伟俊等（2009）	按照合作内容分为技术创新、人才培养、实验设备和仪器利用、信息获取；按照合作期限分为短期合作、长期合作；按照合作契约分为正式合作、非正式合作；按照合作组织形式分为合作成立研发小组、合作建立研发机构、产学研联盟、大学科技园等
李梅芳等（2012）	合作研发、人才交流咨询、合作申报课题、共建实验室与研究平台、委托等
姚潇颖等（2017）	技术转让、联合研究、咨询服务、人才培养、非正式交流、设备共享和其他

从合作关系出发，相关学者同样将产学研合作分为了不同模式。例如，李廉水（1998）根据合作的紧密程度，将中国产学研合作创新的组织方式归纳为政府推动、自愿组合、合同连接和共建实体 4 类。黄胜杰和张毅（2002）从高校在产学研活动中所处的位置以及与企业、科研院所之间的关系出发，将产学研合作活动分为集成模式、联合模式和共建模式 3 类。谢开勇等（2002）研究了高校产学研相互关系及其模式选择，并从合作主体关系的角度，将高校产学研合作模式分为 4 种，即校内产学研合作、双向联合体合作、多向联合体合作、中介协调型合作。张艺等（2019）探究了中国研究型大学参与产学研合作对学术绩效的影响，并指出按照产学研合作商业化高低程度，研究型大学与企业合作关系类型可以划分为学术交流型、学术参与型和学术商业化型 3 种。表 2-4 对基于合作关系的产学研合作模式相关研究进行了梳理。

表 2-4 基于合作关系的产学研合作模式

学者（时间）	合作模式
李廉水（1998）	政府推动、自愿组合、合同连接、共建实体
黄胜杰和张毅（2002）	集成模式、联合模式、共建模式
谢开勇等（2002）	校内产学研合作、双向联合体合作、多向联合体合作、中介协调型合作等
张艺等（2019）	学术交流型、学术参与型、学术商业化型

从参与主体的地位出发，一些学者同样将产学研合作分为了不同模式。李焱焱等（2004）基于主体作用的差异，将产学研合作模式分为政府主导型、企业主导型、大学和科研机构主导型、共同主导型 4 种。马家喜等（2007）从创新的类型、主体以及创新过程中资源与能力优化配置的角度出发，将产

学研合作技术创新模式分为以高校为主导兴建的企业模式和以企业为主导采纳的集成创新模式两大类。宁凌和张玉强（2008）认为，产学研合作的主导模式可以分为高校主导模式、企业主导模式、科研院所主导模式和政府主导模式 4 大类；他们通过横向比较分析，指出了每种模式的优势和不足。季佳玉（2008）按照主体对象区分，将产学研合作模式分为政府倡导、联合分工和内置融合 3 类。张振海和陈红喜（2010）将江苏省产学研合作模式分为政府推动型、高校主导型、科研院所主导型、企业主导型、联建型和共建型 6 大类，从而为江苏省的不同区域、不同城市、同一区域的不同发展阶段选择适合的产学研合作模式提供了参考。Tao（2011）从主体角色出发，将产学研合作模式分为政府主导型、企业主导型、大学和研究机构主导型、共同主导型 4 种。申绪湘等（2012）指出，地处湘西的吉首大学将产学研合作模式分为高校技术推动型、企业需求拉动型和政府引导带动型 3 类。李林和蒋东林（2013）在分析以传统市场为导向的产学研合作模式基础上，指出在市场经济条件下产学研合作模式主要有两种，即以企业为主导的合作模式和以学研方为主导的合作模式。表 2-5 对基于参与主体作用和地位的产学研合作模式相关研究进行了梳理。

表 2-5　基于参与主体地位的产学研合作模式

学者（时间）	研究结论
李焱焱等（2004）	政府主导型、企业主导型、大学和科研机构主导型、共同主导型
马家喜等（2007）	以高校为主导兴建的企业模式、以企业为主导采纳的集成创新模式
宁凌和张玉强（2008）	高校主导型、企业主导型、科研院所主导型、政府主导型

学者（时间）	研究结论
季佳玉（2008）	政府倡导、联合分工、内置融合
张振海和陈红喜（2010）	政府推动型、高校主导型、科研院所主导型、企业主导型、联建型、共建型
Tao（2011）	政府主导型、企业主导型、大学和研究机构主导型、共同主导型
申绪湘等（2012）	高校技术推动型、企业需求拉动型、政府引导带动型模式
李林和蒋东林（2013）	以企业为主导的合作模式、以学研方为主导的合作模式

2. 产学研协同创新模式

就产学研协同创新模式而言，Kogut（1988）认为，主要包括联合研发、一般资助研发、研发中心、创业孵化器、大学工业园区、科学技术园区 6 类；Shan 等（1994）认为，包括合作企业、技术许可、研究人员交换与转移等几种形式；Joanna 等（2002）认为，包括合作办学、咨询合作等非正式协同创新形式；Schartinger 等（2002）认为，包括联合研发和委托研发；Fontana 等（2006）认为，包括合同研究、合作教育、技术产业化等形式。在众多产学研协同创新模式中，Santoro 和 Chakrabarti（1999）认为，产学研发中心是一种最主要的模式。

对文献梳理后可以发现，产学研协同创新模式的分类较多，本书主要从产学研协同创新主体数量、主体地位、协同内容以及主体间紧密程度出发对产学研协同创新模式进行划分。

依据主体数量的差异，产学研协同创新模式可分为点对点模式、点对链模式和网络模式 3 种，具体内容如表 2-6 所示。

表 2-6 基于主体数量的产学研协同创新模式

模式	内容	特点	优势	劣势
点对点模式	某一特定企业与某一特定高校或科研院所之间进行一对一的合作	目标明确、参与主体少、规模小、期限短、关系简单	协同方能够高效快捷地进行沟通	难以处理涉及多主体、多领域的科技项目或产业级的难题
点对链模式	一方对多方的合作模型,例如一家实力雄厚、资金充沛的企业与若干家大学或科研机构进行合作	能够提高科研成果的市场转化率,形成一定规模的价值链	有利于实现产业界和学术界的优势互补	对牵头单位的资金、技术、组织能力等方面的要求较高
网络模式	某个行业内或供应链上的多家企业与多家高校、科研机构,共同开展协同创新活动,彼此间共担风险、共享收益	规模比较大	能够形成相对完整的产业链	属于管理难度比较大、管理成本最高的一种模式

资料来源:依据杨晨露(2014)的研究整理。

依据主体的地位,产学研协同创新模式分为政府主导型、大学或科研院所主导型、企业主导型以及联合开发型 4 种,具体内容如表 2-7 所示。

表 2-7 基于主体地位的产学研协同创新模式

模式	内涵	形式	特点
政府主导型	在产学研协同创新中,政府处于主导地位,往往从国家发展的需求出发,通过制定发展规划、政策法规、设立专项基金等一系列方式对企业、高校和科研机构间的协同创新活动进行宏观调控	政府指令型模式、政府推动型模式	具有起点高、综合性强等特点,但也存在资源浪费、经济效益低、管理不到位等问题
大学或科研院所主导型	大学或科研院所凭借其科研能力、人才优势直接参与企业的技术创新,帮助企业将科研成果转化为生产力;在这种模式中,大学或科研院所处于主导地位,是科技成果的创造者,企业则主要负责科技成果市场化	大学科技园、校办企业、高新技术孵化器等	基础研究—应用研究—开发研究—科技成果商品化各个环节均以大学或科研院所为主导,从而对学研方提出了很高的能力要求

模式	内涵	形式	特点
企业主导型	在产学研协同创新中，企业占据主导地位，吸引大学或科研院所参与到产品的技术研发、市场开拓中来，相关的研发内容、形式和范围由企业决定，故而企业承担主要的研发和转化风险，其目的在于提升自身的竞争力、创造更大利润	委托开发、合作开发、共建研究机构或者在企业内部设立附属研究院等	企业方能够充分利用学研方的各种创新资源，增强自身的技术创新能力；学研方开展科研活动能够更加贴合市场需求，提高自身科研成果的转化率；最终实现共赢
联合开发型	企业、高校、科研机构为了实现特定目标，彼此间优势互补，共同参与研发、生产、管理等过程的一种合作共赢模式	项目联合开发模式、联合研发中心模式	各主体的地位是平等的，各方的权利义务都由合同或协议的方式予以规定，共同促进技术创新、成果转化、市场开发，实现风险共担、利益共享

资料来源：依据杨晨露（2014）、黄菁菁（2016）的研究整理。

依据协同内容的不同，产学研协同创新模式可以分为基础研究、应用研究及混合型研究 3 种，具体内容如表 2-8 所示。

表 2-8　基于协同内容的产学研协同创新模式

模式	内涵	特点
基础研究	建立重点实验室，强调基础理论研究以满足国家需要	研究成本高，经济回报不明朗，具有明显的公共属性，通常发生在院校或校校之间
应用研究	通过合作双方建立契约，以科技成果市场化为最终目标，建立工程技术等合作	不确定性小，经济回报周期短，面向生产，通常发生在中小企业与高校、科研机构之间
混合型研究	建立重大的科研项目中心，促进高新技术的广泛合作，如量子物质科学协同中心、宇航科学与技术协同创新中心等	是基础研究和应用研究两类产学研协同创新的混合形式，通常发生在大型企业与高校和科研机构之间

资料来源：依据洪赫（2015）、李京晶（2013）的研究整理。

依据主体间的紧密程度，产学研协同创新模式可以分为项目式、共建式、实体式、联盟式、虚拟式 5 种，具体内容如表 2-9 所示。

表 2-9　基于主体间紧密程度的产学研协同创新模式

模式	内涵	形式
项目式	以项目为载体，建立协同关系，整合多项资源，促进技术转移	技术转让、委托研发、协同攻关
共建式	强调科学研发和成果转化，通过优势互补和资源共享，实现协同创新	共建研发基地、共建协同创新中心、共建高科技园区
实体式	组建经济实体，通过资金或技术入股，依照市场规律，协同开发高新技术产品	内部实体模式、外部实体模式（协同经营型和技术入股型）
联盟式	以龙头企业为主，优势学研方为辅，共同攻克国家型和产业型难题，提升整体的创新能力	行业性产业技术联盟，区域性产业技术联盟，跨行业、跨地区产业技术创新联盟
虚拟式	构建产学研协同创新新型网络组织和虚拟研发平台	

资料来源：依据王章豹等（2015）的研究整理。

2.1.3　产学研协同创新主体的作用

在协同创新的过程中，产学研各主体的作用并不相同。孔祥浩等（2012）指出，企业是技术创新的主体；大学（或科研机构）是技术转移的源泉；政府是创新环境的主导者。袭著燕等（2012）认为，在政产学研用技术创新协同模式中，不同主体扮演着各自的角色，其中，政府是产学研活动的引导者和支持者；企业是产学研合作的组织者和创新资源整合者；高等院校是技术创新的主要知识来源；科研机构是知识库的主要贡献者；用户是技术创新成果最终的检验者；金融机构则是资金的支持者。王帮俊等（2015）以"三螺旋"模型为基础构建的煤炭产学研协同创新网络平台中，煤炭高校和相关科研机构是行业科研成果创造主体，煤炭企业（集团）是创新成果的应用主体，政府是协同创新的组织和协调主体。陈佳明（2017）与袭著燕等（2012）的观点类似，他认为在政产学研协同创新的过程中，政府是协同创新的发起者，发挥着政策引导、沟通协调、财政资助、监督评估的作用；企业是产学研活动的核心主体之一；大学和科研院所需要扮演好知识和人才供给者的角色，发挥科学知识和技术创新源动力的作用；社会中介机构是创新活动的重要支持者。

本书主要依据陈佳明（2017）的研究，总结了产学研协同创新系统中各主体的作用，如表 2-10 所示。

表 2-10　产学研协同创新主体的作用

主体	作用
企业	第一，企业掌握着大量的市场信息，对终端消费者的需求动态有着敏锐的洞察力 第二，企业能够为学研方的科研活动提供一定的资金支持和技术支持 第三，企业具备高效的成果转换机制，能够显著提高科研成果的市场转化率
高校和科研机构	第一，学研方能够提供充足且优质的创新人才资源 第二，学研方能够进行跨学科、跨领域的知识创新活动，从而产生更多的科研产出 第三，学研方能够提供科技创新的基础设施和研究设备
政府	第一，政府可以依据国家宏观战略规划，构建科学研究与市场转化的桥梁，通过颁布相关的政策、文件来规范、引导产学研协同创新的方向 第二，政府可以采用多种财政手段如税收优惠、财政补贴等，为产学研协同创新提供充足的资金支持 第三，政府可以通过制定或完善相应的法律法规如知识产权保护法，提供更多的外部制度保障

资料来源：依据陈佳明（2017）的研究整理。

1. 企业的作用

企业是产学研协同创新的主体，主导和管控产学研协同创新的过程（原长弘，张树满，2019）。企业作为市场创新链条最后一个环节，是产业的具体承载者，更是科技创新的最终应用场所和技术创新的主体（于海宇，2019）。企业需要树立合作观念，整合企业内外部各项资源，积极与外部主体开展协同创新活动，通过信息、技术、知识等资源的共享，提高自身的自主创新能力，树立起独特的竞争优势，进而提升自身的经济效益和社会效益。

企业在产学研协同创新系统中的作用主要体现在：第一，企业作为直面市场的创新主体，更熟悉市场需求和技术瓶颈，对技术创新和成果转化方面有直接需求（于海宇，2019）。相较于学研方，企业具备更强的问题导向意识，能够及时抓住市场发展的关键机遇，保证创新资源的高效利用。在协同创新的过程中，企业可以通过与学研方的沟通交流为其发现问题、解决问题提供更多的现实依据和研究方向。第二，企业能够为学研方的科研活动提供一定的资金支持和技术支持。当前，大多数企业都设有研发部门或配有专门的研发人员，在与学研方协同创新的过程中，既可从自身的利润或研发经费中进行资金划拨用于学研方的基础研究，也可调用企业的专业员工与学研方的研发人员展开技术合作。第三，企业具备高效的成果转换机制，能够显著提高科研成果的市场转化率。学研方的科研活动往往聚焦于学术导向，研发成果往往难以转化为市场成果和经济效益。此时，企业可以作为学研方与市场的桥梁，一方面能够提供生产场所、中试基地保证科研成果的初步转化；另一方面也能够根据市场反馈，及时对已有的科研产出进行修改完善，加快科技成果的消化、吸收与利用，实现产出价值最大化。

2. 高校和科研机构的作用

高校和科研机构是知识创新的主体，拥有丰富的知识储备、专业技术、科研人才和仪器设备（潘锡杨，李建清，2014），承担着科技创新研究任务（于海宇，2019）。作为高技术领域原始创新的主力军，为企业做好技术支撑与技术服务是高校的重要任务（谢鸿全等，2014）。高校应采用协同创新的方式来分配高等教育资源，并成为引领区域经济和社会发展的核心力量（Wang et al.，2016）。考虑到学研方自身的条件，其核心诉求主要体现为获取更多的科研经费支持以及提高科研成果的转化率。故而，高校和科研机构需要适应创新发展的要求，完全发挥自身的创新技术和人才优势，为企业、政府乃至地区发展提供源源不断的创新动力。

高校和科研机构在产学研协同创新系统中的作用主要体现在：第一，学研方能够为企业、社会输送大量的创新人才。正如吴卫红等（2018a）所言，学研方为整个协同创新系统输出创新人才，间接参与或促进了创新。学研方作为重要的人才聚集地，既具备专业的科研团队、师资队伍，也培养出一批批高素质人才，能够为企业创新、地区发展注入新鲜血液。第二，学研方能够进行跨学科、跨领域的知识创新活动，从而产生更多的科研产出。无论是综合性的大学，还是高精尖的研发部门，都能够将自身的科研知识转化为创新思路，不仅实现高屋建瓴般的学术研究，而且能够通过与企业方、政府部门的合作等为其提供新的发展方向。第三，学研方能够提供科技创新的基础设施和研究设备。高校和科研机构的科研投入占据了政府研发经费投入的大部分，因而，学研方集中了大量的国家重点实验室、国家工程技术研究中心等机构，汇聚了大量的科研厂房、大型科研装备等设施，这些是开展协同创新的重要资源库和知识源。

3. 政府的作用

政府作为社会资源的"统筹者"，与其他创新主体相比更具有战略意识、大局观念、前瞻性和公益性等特质，风险承受能力更强（于海宇，2019）。政府常常作为区域产学研协同创新的发起者和主要推动者，发挥着政策引导、财政资助、监督评估的作用。考虑到市场失灵容易导致的创新投入不足、市场恶意竞争，单纯地依赖产学研主体进行协同创新往往会面临较大的风险和困难。结合当前知识经济和创新竞争的大环境，政府更应发挥积极作用，采取多种宏观调控措施，鼓励更多的资源流向产学研协同创新领域，尽可能地为协同创新打造完善的制度环境。政府为产学研协同创新营造良好的创新氛围，为产学研开展协同创新活动奠定了基础（杨晓娜等，2020）。

政府在多元协同创新的过程中，起到至关重要的指导、支持和协调作用（吴卫红等，2018a），主要体现在：第一，政府可以依据国家宏观战略规划，构建科学研究与市场转化的桥梁，通过颁布相关的政策、文件来规范、引导产学研协同创新的方向，如通过制定各类国家级、省级的科研项目，打造特色科技园区，释放良好的制度信号。第二，政府可以采用多种财政手段，为产学研协同创新提供充足的资金支持，从而降低研发成本和风险。第三，政府可以通过制定或完善相应的法律法规如知识产权保护法，提供更多的外部制度保障。产学研协同创新涉及主体范围广、研究领域宽泛，合作过程中存在多种问题和挑战，政府不仅需要为其创新试验提供更多的政策保证，也应为可能逾越的法律边界做出明确约束。政府作为社会"统筹者",能够对参与协同创新的企业和高校进行引导、协调和监管(吴洁等,2019)。同时,政府可以构建科学合理的评价监督体系,对于低效、不合规的产学研组织及时提供指导意见或者予以法规处理。此外,政府也可以建立创新服务机制,构建地方协同创新平台,实现资源的有效配置(张俊霞,2015)。如何既能激发产学研协同创新的积极性,又要避免混乱无序的投机行为,成为政府履行职责的重要挑战之一。

2.1.4 产学研协同创新主体的动机

产学研协同创新的利益相关方要想从合作中受益,必须寻找到有效的途径以协调不同的目标和动机,从而使得各方形成稳定的合作预期,并最终实现多方共赢。对于产学研协同创新的动机分析,国内外学者均展开了大量的研究。

1. 企业参与动机

从企业动机出发,Lee(1996)认为,企业参与产学协同创新是为了获取互补性成果,进入新技术领域,开发新产品以及提高研究水平等。Teece 等(1997)指出,企业通过产学协同创新既能够为自身带来创新资源,也能够提高现有资源的利用率。Kunbhakar 和 Lovell(2000)指出,企业通过参与产学协同创新,能够获取新技术,并且开发新产品。Veugelers 和 Cassiman(2005)指出,考虑到产学各主体存在异质性的知识和能力,企业通过与高校等主体开展协同创新能够降低交易成本,并获取垄断性的知识、技术。Perkmann 等(2011)发现,企业加入产学协同创新联盟,不仅能够获取政府的研发补贴,掌握基础科学知识,还能提高自身声誉等。Gertner 等（2011）指出，企业参与产学协同创新能够增加自身的知识储备量，完善组织文化，提升战略地位，激发创新积极性。王毅和吴贵生（2001）分析了产学研合作中黏滞知识的成因与转移机制，并指出通过产学研合作，把外部知识转移到企业内部并创造价值是赢得竞争优势的重要途径，黏滞知识是持续竞争优势的源泉。章熙春和蒋兴华（2013）指出，企业参与产学研战略联盟的主要动机包括创新队伍建设，提高研发水平，获取优势资源和构建竞争优势；而且，企业的这 4 个动机有利于战略联盟绩效的提升。秦玮和徐飞（2014）基于"动机—行为—绩效"的理论框架探讨了产学研联盟动机、行为及联盟绩效之间的关系，并将企业加入产学研联盟的动机划分为资源导向动机、学习导向动机、成本导向动机和政策导向动机。宋彧和田亚飞（2016）以大型煤炭企业为研究对象，指出其进行产学研合作创新的动因包括政府的引导和政策优惠以及市场竞争的需要。糜志雄和张斌（2019）指出，企业参与产学研协同创新的根本目标在于通过利用外部资源提升创新能力，最终在市场确立竞争优势，满足市场需求并获得经济回报。

2. 学研方参与动机

就学研方动机而言，Geuna 和 Nesta（2006）认为，大学参与产学合作是为了获得企业的资金支持、提高科学研究的实用性。Kunbhakar 和 Lovell（2000）则指出，大学参与产学协同创新是为了获取研发经费，提升创新能力。Lee（2000）认为，通过产学研协同创新，学研方能够获取可观的科研经费、实验装备等。Mueller（2006）认为，知识的快速更新给高校带来了巨大的资源压力，高校为了保持其在学科中的领先地位不得不与企业进行合作。Welsh 等（2008）

认为，与企业进行合作是高校减轻资金压力的重要途径。蒋兴华和张明（2012）指出，高校和科研院所参与产学研战略联盟的动机具有双重性，一方面是实现高校及科研院所的社会服务功能；另一方面是通过服务社会来获得资源，求得发展。廉志雄和张斌（2019）认为，产学研协同创新已经成为世界各国提升创新能力进而推动经济增长的有效途径，科研机构和高等院校参与产学研协同创新的目标在于获得更多的经费支持进行基础学科领域的研发，以培养人才和强化学科竞争优势为最终目标。

3. 产学研整体动机

对于产学研整体而言，Santoro 和 Gopalakrishnan（2000）发现，企业和高校通过协同创新能够形成一种资源互补型的联盟组织，实现资源、知识和能力的互补是二者进行协同创新的重要动力。刘力（2005）基于新制度经济学指出，产学研合作有利于节约交易成本，形成规模效应。Brostrom（2012）指出，产学协同创新主要是为了实现工艺改进，研发出新产品。Wang 和 Zhang（2019）从区域内和区域间的角度分析了协同创新网络，并指出企业、大学和科研机构协同合作形成的创新网络能够促进技术外溢，进而提高当地的创新能力。

从上述文献不难看出，企业参与产学研协同创新的动机包括降低交易成本和风险、获取新技术和新知识，提高竞争优势等；学研方参与协同创新的动机包括获取研发经费、实现自身价值等；产学研三者之所以协同创新是为了实现资源互补，提高创新效率和能力。表 2-11 对国内外学者关于产学研协同创新各主体参与动机的研究进行了梳理。

表 2-11　产学研协同创新主体的动机

主体	学者（时间）	研究结论
企业	Lee（1996）	获取互补性成果，进入新技术领域，开发新产品以及提高研究水平等
	Teece 等（1997）	带来创新资源，提高资源利用率
	Kunbhakar 和 Lovell（2000）	获取新技术，开发新产品
	Veugelers 和 Cassiman（2005）	降低交易成本，获取垄断性的知识和技术
	Perkmann 等（2011）	获取政府研发补贴，掌握基础科学知识，提高企业声誉等
	Gertner 等（2011）	增加知识储备量，完善组织文化，提升战略地位，激发创新积极性
	王毅和吴贵生（2001）	赢得竞争优势
	章熙春和蒋兴华（2013）	创新队伍建设，提高研发水平，获取优势资源，构建竞争优势
	秦玮和徐飞（2014）	资源导向动机、学习导向动机、成本导向动机和政策导向动机
	宋彧和田亚飞（2016）	政府的引导和政策优惠，市场竞争的需要
	糜志雄和张斌（2019）	利用外部资源提升创新能力，确立市场竞争优势以及满足市场需求并获得经济回报
学研方	Geuna 和 Nesta（2006）	获得企业的资金支持，提高科学研究的实用性
	Kunbhakar 和 Lovell（2000）	获取研发经费，提升创新能力
	Lee（2000）	获取可观的科研经费、实验装备等
	Mueller（2006）	缓解资源压力，保持学科领先地位
	Welsh 等（2008）	减轻资金压力
	蒋兴华和张明（2012）	实现高校及科研院所的社会服务功能；通过服务社会来获得资源，求得发展
	糜志雄和张斌（2019）	获得更多的经费支持以进行基础学科领域的研发，培养人才和强化学科竞争优势

主体	学者（时间）	研究结论
产学研整体	Santoro 和 Gopalakrishnan（2000）	实现资源、知识和能力的互补
	刘力（2005）	节约交易成本，形成规模效应
	Brostrom（2012）	实现工艺改进，研发新产品
	Wang 和 Zhang（2019）	促进技术外溢，提高创新能力

2.1.5 产学研协同创新的绩效评价

1. 产学研合作的绩效评价

对于最初的形式，即产学研合作绩效，学者们构建了不同的指标体系，并且运用不同的模型和方法测算合作绩效。对于产学合作绩效指标体系，Bonaccorsi 和 Piccaluga（1994）建立了包括合作结构、冲突解决、信息交换、新产品、专利等指标的产学合作绩效评价模型。Hellstrom 和 Jacob（1999）认为，产学合作绩效的评价指标应包括以下 6 个方面，即产出能力、合作范围、财务效益、教育成果、著作和专利。Agrawal（2001）认为，由于高校与企业合作的独特性质，应该把技术创新纳入产学合作绩效评价指标体系中。金芙蓉和罗守贵（2009）采用自上而下和自下而上相结合的方法，建立了产学研合作绩效评价指标体系，该体系中投入模块包括合作的基础设施、人力资源、经费投入；产出模块包括中间产出（专利、论文等知识产权产出、人才培养等）和最终的经济产出。

相关学者主要采用数据包络分析（DEA）、因子分析等方法测量产学研合作效率。就数据包络分析（DEA）方法而言，王秀丽和王利剑（2009）运用此方法对中国 30 个省份的产学研合作创新效率进行了评价。田林丰和李豫新（2010）建立 DEA 模型，测算了中国西北地区产学研的合作效率。车维汉和张琳（2010）聚焦于上海市制造业，对相关企业的产学研合作创新效率进行了评价。刘民婷和孙卫（2011）测算了陕西省 10 个主要制造业的产学研合作效率。叶佳等（2013）应用 DEA 方法评价了 2007—2010 年全国产学研的总体合作效率。仇冬芳和胡正平（2013）利用 DEA 模型、DEA-Malmquist 生产率指数，测算了 2006—2011 年中国 30 个省（自治区、直辖市）的产学研合作效率及效率持续性。张煊和孙跃（2014）引入 DEA-Tobit 两步法测算了 2003—2011 年中国省域产学研合作网络的创新效率及其影响因素。就因子分析法而言，范德成和唐小旭（2009）选择因子分析和聚类分析法，评价了全国 30 个省份的产学研结合技术创新绩效。王进富和刘魁（2011）同样选择因子分析法对陕西省产学研结合技术创新绩效进行评价。

此外，学者们还运用了一些其他的评价方法，如集对分析法、灰色关联度分析法等。例如，李新荣（2013）利用集对分析的方法，构建了高校产学研合作项目绩效评价模型。梁耀明等（2014）采用灰色关联分析法，对广东省 24 个产学研合作项目进行了绩效评价。陈勇军等（2015）构建了产学研科技创新技术效率测算模型，基于随机前沿分析方法，测算了 25 家产学研科研实体的创新技术效率水平，以反映当前产学研科技创新的整体技术效率水准。表 2-12 对国内外学者关于产学研合作绩效的相关研究做了梳理。

表 2-12 产学研合作绩效的指标体系与评价方法

分类	学者（时间）	具体内容
指标体系	Bonaccorsi 和 Piccaluga（1994）	合作结构、冲突解决、信息交换、新产品、专利等
	Hellstrom 和 Jacob（1999）	产出能力、合作范围、财务效益、教育成果、著作、专利
	Agrawal（2001）	纳入技术创新评价指标
	金芙蓉和罗守贵（2009）	投入模块（合作的基础设施、人力资源、经费投入）、产出模块（中间产出和最终的经济产出）
评价方法	王秀丽和王利剑（2009）、田林丰和李豫新（2010）、车维汉和张琳（2010）、刘民婷和孙卫（2011）、叶佳等（2013）、仇冬芳和胡正平（2013）、张煊和孙跃（2014）	数据包络分析方法（DEA）
	范德成和唐小旭（2009）、王进富和刘魁（2011）	因子分析法
	李新荣（2013）	集对分析方法
	梁耀明等（2014）	灰色关联分析法
	陈勇军等（2015）	随机前沿分析方法

2. 产学研协同创新的绩效评价

随着产学研合作程度的加深、合作形式的多样，学者们开始关注产学研协同创新，并同样通过构建模型、指标体系测算并分析产学研协同创新绩效这一问题。

Perkmann 等（2011）构建了一个成果地图评价产学协同创新效率，该成果地图可以分为 4 个阶段，投入阶段的评价指标包括研发资源、人员和动机；

协同阶段的评价指标包括研发质量、相关性和学习机会；产出阶段的评价指标包括新技术、新知识和高精尖人才的数量等；成果阶段的评价指标包括新观点、新方法和人力资本。Lacka（2015）认为，产学协同创新的效率评价需要整合经济和学术指标，涵盖对投入、技术转移、技术溢出等各方面的评估。

国内学者同样通过构建指标体系，运用多种方法对产学研协同创新绩效展开评价。张爱琴和陈红（2009）从知识共享、网络能力、创新绩效 3 个方面构建了产学研知识网络协同创新的绩效评价指标体系，并运用这些指标体系对太原高新区产学研知识创新网络协同创新现状做了实证评估。周晓阳和王钰云（2014）认为，产学研协同创新绩效的评价仍可按照"投入—（过程）—产出"系统进行评价，在投入层面，应增加对高校科研能力等方面的评价；在过程层面，应增加对产学研各方战略协同度、各方沟通力度等方面的评价；在产出层面，应增加反映管理创新和制度创新产出的指标。刘志华等（2014）基于云理论，构建了区域科技协同创新绩效指标体系，该体系包含协同投入、协同过程、协同产出和协同影响 4 个维度以及 51 个指标，并选取了中国 31 个省级行政区域进行了实证研究。罗洪云等（2015）构建了产学研协同知识创新体系创新绩效评价指标，主要包括人员维度、资金维度、物质维度和成果维度，并基于 LWD 和 LOWA 算子的评价方法，提出了绩效评价的三阶段流程。简洁（2016）从投入和产出两个方面选取了产学研协同创新的评价指标，并且通过 DEA 方法建立了具体的评价模型。孙善林和彭灿（2017）构建了一个产学研协同创新项目绩效评价指标体系，该指标体系由显性绩效（结果绩效）、隐性绩效（潜在绩效）和协同绩效（行为绩效）3 个维度组成，包括 8 个准则和 26 个指标。刘友金等（2017）运用复合系统协同度模型，采用高校链子系统（包括科研投入和科研产出）、科研院所链子系统（包括科研投入和科研产出）、交互链子系统（包括知识转移与共享）和企业链子系统（包括市场导向投入和市场导向产出）4 个子方面共 19 个指标测算了长江经济带 11 省市产学研协同创新的协同度。王帮俊和吴艳芳（2018）构建了评价产学研协同创新绩效的投入和产出指标，其中，投入指标包括 8 个，产出指标包括 9 个，并运用因子分析法提取出学研方创新能力、企业方创新能力和协同创新协同度 3 个协同创新绩效主因子。表 2-13 对产学研协同创新绩效评价的相关研究做了总结梳理。

表 2-13　产学研协同创新绩效的指标体系与评价方法

分类	学者（时间）	具体内容
指标体系	Perkmann 等（2011）	投入阶段（研发资源、人员和动机）、协同阶段（研发质量、相关性和学习机会）、产出阶段（新技术、新知识和高精尖人才的数量等）和成果阶段（新观点、新方法和人力资本）
	Lacka（2015）	整合经济和学术指标（包括投入、技术转移、技术溢出等方面）
	张爱琴和陈红（2009）	知识共享、网络能力、创新绩效
	周晓阳和王钰云（2014）	投入—（过程）—产出系统
	刘志华等（2014）	协同投入、协同过程、协同产出和协同影响
	罗洪云等（2015）	人员维度、资金维度、物质维度、成果维度
	孙善林和彭灿（2017）	显性绩效、隐性绩效、协同绩效
	刘友金等（2017）	高校链子系统（科研投入和科研产出）、科研院所链子系统（科研投入和科研产出）、交互链子系统（知识转移与共享）、企业链子系统（市场导向投入和市场导向产出）
	王帮俊和吴艳芳（2018）	投入指标、产出指标
评价方法	简洁（2016）	数据包络分析法（DEA）
	刘友金等（2017）	复合系统协同度模型
	王帮俊和吴艳芳（2018）	因子分析法

2.1.6 产学研协同创新的影响因素

1. 主体特征因素

从主体特征出发，企业的不同特征会对产学研合作 / 协同创新产生影响。Laursen 和 Salter（2004）通过实证研究发现，企业规模和研发支出是产学合作产生的重要影响因素。Veugelers 和 Cassiman（2005）认为，企业的一些特征如外资额度、创新活动和 R&D 能力等因素会对企业与高校的研发合作产生影响。Fontana 等（2006）指出，企业开放度会对参与产学合作的意愿产生正向作用。Silva 等（2020）通过研究知识密集型服务企业发现，企业财务困难与其和学研方的合作倾向密切相关。

国内学者同样研究了企业的不同特征对产学研合作 / 协同创新的影响。例如，一些学者（戴勇等，2010；肖丁丁等，2011）深入探讨了产学研合作中的研发投入对产学研绩效的影响。肖丁丁和朱桂龙（2013）基于系统视角考察了产学研合作创新效率的影响因素，发现企业家精神和外部技术依存对合作效率有显著的正向影响。陈光华等（2014a）采用广东省省部产学研合作研发项目的数据研究发现，企业吸收能力是产学研产品创新与过程创新绩效的重要影响因素。张秀峰等（2015）以广东省省部产学研合作项目为例，分析了企业所有权性质在创新价值链的 3 个阶段（知识创新、科研创新和产品创新）对产学研合作创新绩效的影响。黄菁菁（2017）通过分析辽宁省 2010—2012 年的企业面板数据，发现企业 R&D 能力、企业家精神、企业规模和员工的培训强度均会对产学研协同创新效率产生影响。

2. 知识活动因素

从知识活动出发，知识转移和知识共享等均会对产学研合作、协同创新产生影响。Bonaccorsi 和 Piccaluga（1994）指出，知识转移中的时间跨度和知识特性对产学合作有着重要影响。Carayannis 等（2000）认为，提高产学协同创新绩效的关键在于知识的特性、结构、共享意愿和转移渠道等。Koschatzky（2002）认为，合适的知识转移渠道会对产学研协同创新绩效产生重要影响。Dettmann 等（2015）指出，知识差距对参与产学协同创新项目意愿有着明显的影响。Cao 和 Li（2020）发现，只有当奖励、惩罚和协同创新收益高于知识转移成本时，才能促进产学研合作创新网络的良性演化。

陈光华等（2014a）研究发现，外部知识获取与产学研产品创新和过程创新之间呈倒 U 形关系。刘春艳和王伟（2015）认为，提高产学研协同创新联盟的知识转移效果，需要增强知识转移和知识吸收的意愿和能力。易秋平等（2017）研究发现，大学和科研院所转移知识的能力、企业吸收与应用知识的能力在全国层面及东中西部地区对样本省区的产学研协同创新效率均存在显著正向直接影响。李明星等（2020）认为，企业层面的知识吸收能力、组织间层面的知识协同性和知识转移能力都能够显著提升产学研合作创新绩效。

3. 主体间关系因素

从主体间的关系出发，各主体间的信任、承诺、合作关系以及利益分配和风险承担等均会对产学研合作、协同创新产生影响。Deborah 等（1998）指出，合作方之间一致的价值观和利益分配方案会对产学协同创新效果产生重要影响。

Norman（2004）指出，信任会对产学研协同创新绩效产生积极作用。Plewa 和 Quester（2007）同样认为，相互信任、履行承诺和广泛交流等因素均会对政产学协同创新绩效产生影响。Petruzzelli（2011）认为，如果企业和高校先前存在良好的合作关系，能够在一定程度上提高协同创新的效率。Ankrah 等（2013）认为，稳定的合作关系会影响产学协同创新项目的成功。Dettmann 等（2015）指出，相互信任与利益分配均会影响参与产学协同创新项目的意愿。Lauvås 和 Steinmo（2019）指出，共同承诺是企业与高校之间相互理解的关键推动力。

　　国内学者同样从主体间的合作关系和利益分配等角度对产学研合作、协同创新进行了研究。李成龙和秦泽峰（2011）基于耦合互动视角指出，产学研合作组织的耦合互动强度、耦合互动时间、情感性耦合互动行为和任务性耦合互动行为对创新绩效有显著影响。张海滨（2013）探究了高校产学研协同创新的影响因素，指出利益分配机制是高校产学研协同创新的重要影响因素。易秋平等（2017）研究发现，在全国层面及东中西部地区，产学研合作关系正向影响了样本省区的产学研协同创新效率。冯海燕（2018）研究了产学研合作的协同效应及路径优化，并指出双方的合作关系是制约产学研合作的重要因素。

4. 外部环境因素

　　此外，产学研协同创新还会受到其他外部环境因素的影响，如政府、市场、行业因素等。政府的各种创新政策工具，如科技投入和法律政策等都会对产学合作创新产生显著影响（Shyu et al.，2001）。Bekkers 和 Freitas（2008）认为，企业间的行业差异会影响产学协同创新的效率。Eom 和 Lee（2010）指出，政府支持以及相应的专利制度会对产学研合作产生影响。Albert 等（2013）则发现，政府投入对产学协同创新产出的数量和质量均有正向影响。

国内学者同样从政府、行业等角度出发,探究不同因素对产学研的影响。王飞绒等(2003)认为,政府支持和推动、政府政策的配套措施、政府宏观指引、政府出面并发展中介机构以及政府的直接投资等对产学研联合有着积极影响。马莹莹和朱桂龙(2011)将表征行业特征的技术水平及资本密集度作为研究变量,验证了这些变量对产学研合作创新绩效的影响。张海滨(2013)指出,政府的科技政策会对高校产学研协同创新产生影响。姚云浩和高启杰(2014)运用 DEA-Tobit 两步法对中国 2010 年的区域产学研合作效率及影响因素进行了评价和分析,研究发现,地区生产总值增长率、教育经费占地区生产总值的比重、技术市场成交额占地区生产总值的比重等因素能够正向影响区域产学研合作效率。陈光华等(2014a)的研究结果表明,政府研发资助与产学研产品创新之间呈 U 型关系。白俊红和卞元超(2015)分析了政府支持影响产学研协同创新的内在机理。基于扎根理论方法,王文亮等(2016)指出,创新生态环境、创新生态保障、创新生态动力、创新生态能力是产学研协同创新生态机制的 4 个影响因素。经曼(2016)通过回归分析,指出政策环境对煤炭行业高校产学研协同创新有着显著的影响。易秋平等(2017)研究发现,在全国层面及东中西部地区,政府及金融机构的支持对样本省区的产学研协同创新效率有着正向影响。王瑞鑫和李玲娟(2017)将产学研协同创新分为准备、运行和延伸 3 个阶段,并论述了政策、市场环境和法律制度在协同创新中的重要作用。夏宗洋等(2018)发现,技术环境良好有利于煤炭行业与高校实现深度合作,双方可以优势互补从而共同发展。表 2-14 从主体特征、知识活动、主体间关系以及外部环境 4 个方面对产学研协同创新影响因素的相关研究进行了梳理总结。

表 2-14　产学研协同创新的影响因素

分类	学者（时间）	影响因素
主体特征	Laursen 和 Salter（2004）	企业规模、研发支出
	Veugelers 和 Cassiman（2005）	企业的外资额度、创新活动、R&D 能力
	Fontana 等（2006）	企业开放度
	Silva 等（2020）	企业财务困难
	戴勇等（2010）	研发投入
	肖丁丁等（2011）	研发投入
	肖丁丁和朱桂龙（2013）	企业家精神、外部技术依存
	陈光华等（2014a）	企业吸收能力
	张秀峰等（2015）	企业所有权性质
	黄菁菁（2017）	企业 R&D 能力、企业家精神、企业规模、员工的培训强度
知识活动	Bonaccorsi 和 Piccaluga（1994）	知识转移中的时间跨度、知识特性
	Carayannis 等（2000）	知识特性、知识结构、知识共享意愿、知识转移渠道
	Koschatzky（2002）	知识转移渠道
	Dettmann 等（2015）	知识差距
	Cao 和 Li（2020）	知识转移成本
	陈光华等（2014a）	外部知识获取
	刘春艳和王伟（2015）	知识转移和知识吸收的意愿和能力
	易秋平等（2017）	学研方转移知识的能力、企业吸收与应用知识的能力
	李明星等（2020）	企业知识吸收能力、组织间层面的知识协同性与知识转移能力
主体间关系	Deborah 等（1998）	一致的价值观、利益分配方案
	Norman（2004）	信任
	Plewa 和 Quester（2007）	相互信任、履行承诺和广泛的交流
	Petruzzelli（2011）	先前存在的良好合作关系
	Ankrah 等（2013）	稳定的合作关系

分类	学者（时间）	影响因素
主体间关系	Dettmann 等（2015）	相互信任、利益分配
	Lauvås 和 Steinmo（2019）	共同承诺
	李成龙和秦泽峰（2011）	耦合互动强度和时间、情感性和任务性耦合互动行为
	张海滨（2013）	利益分配机制
	易秋平等（2017）	产学研合作关系
	冯海燕（2018）	合作关系
外部环境	Shyu 等（2001）	创新政策工具
	Bekkers 和 Freitas（2008）	企业间的行业差异
	Eom 和 Lee（2010）	政府支持、专利制度
	Albert 等（2013）	政府投入
	王飞绒等（2003）	政府支持和推动、政府政策的配套措施、政府宏观指引、政府出面并发展中介机构以及政府的直接投资
	马莹莹和朱桂龙（2011）	行业技术水平、行业资本密集度
	张海滨（2013）	政府的科技政策
	姚云浩和高启杰（2014）	地区生产总值增长率、教育经费 / 地区生产总值、技术市场交易金额 / 地区生产总值
	陈光华等（2014a）	政府研发资助
	白俊红和卞元超（2015）	政府支持
	王文亮等（2016）	创新生态环境、创新生态保障、创新生态动力、创新生态能力
	经曼（2016）	政策环境
	易秋平等（2017）	政府及金融机构的支持
	王瑞鑫和李玲娟（2017）	政策、市场环境和法律制度
	夏宗洋等（2018）	技术环境

2.1.7　产学研协同创新的宏观后果

Lee 等（2018）指出，科学与技术的深度融合能够促进经济和创新的持续发展。进一步来看，产学研合作不仅能够对经济增长产生影响，而且会对创新发展发挥作用。国内外学者就产学研协同创新的宏观后果展开了相关研究。

1. 产学研与经济发展的关系

产学研之所以能够推动经济发展，其原因体现为：各主体间紧密的合作关系能够弥补彼此的信息鸿沟，解决市场失灵的问题（Poyago et al.，2002）；产学合作所产生的知识溢出与知识流动，能够将新知识转化为新产品、新流程，最终实现商业化（Mueller，2006），有利于社会进步和经济发展。

对于产学研与经济发展的关系，Ratinho 和 Henriques（2010）通过案例研究发现，大学与科学园区以及企业孵化器间的联系能够促进葡萄牙的经济发展。国内学者深入探究了产学研对国家和区域经济发展的作用机制。吴友群等（2014）从全国和区域层面研究了中国产学研合作的经济绩效，并采用单方程误差修正模型对产学研合作影响经济增长的机理或渠道进行实证检验。李明和李鹏（2017）通过构建两阶段 Network DEA 模型，从产学研融合视角对中国科技创新与经济发展的关系进行了经验分析。徐盈之和金乃丽（2010）首先利用多元 Moran'I 指数对高校官产学合作创新活动的空间相关性进行了分析，同时构建基本模型、扩展模型和空间模型具体考察了高校官产学合作创新对区域经济增长的影响。冯锋和李天放（2011）构建了一套基于技术转移与产学研 R&D 投入双重视角下的综合增长指标体系，通过模型定量测算并分析了产学研 R&D

投入的增长效率及其对区域经济增长的影响。赵京波（2012）借助面板数据模型、协整理论和 VAR 模型等计量方法，研究了中国产学研合作对经济增长、区域经济发展的影响。冯锋和李天放（2012）探究了技术转移与产学研 R&D 投入对区域经济增效的双重影响。余孟辉（2014）指出，区域经济核心竞争力的形成离不开区域内自主创新能力，产学研合作模式是提升区域核心竞争力的重要途径。吕连菊和阚大学（2017）探究了 1990—2014 年产学研协同创新对江西经济增长的短期和长期影响。许长青等（2019）实证分析了 2000—2016 年粤、京、沪和苏四大经济区高校产学研协同创新对区域经济增长的贡献。相关研究如表 2-15 所示。

表 2-15　产学研与经济发展的关系

分类	学者（时间）	研究结论
国家经济发展	Ratinho 和 Henriques（2010）	大学与科学园区以及企业孵化器间的联系能够促进葡萄牙的经济发展
	吴友群等（2014）	产学研合作对全国经济增长具有正向影响，但影响程度并不高
	李明和李鹏（2017）	科技创新对地区经济发展的推动作用整体水平不高，且存在明显的地区差异
区域经济发展	徐盈之和金乃丽（2010）	高校的官产学合作活动会对经济增长产生显著的正向作用，且在邻近地区间有着空间溢出效应
	冯锋和李天放（2011）	通过技术转移及研发投入促进了区域经济发展
	赵京波（2012）	产学研合作对 GDP 的促进作用较为持久，但影响幅度较低；产学研合作对经济竞争力较强省份的经济增长具有正向促进作用
	冯锋和李天放（2012）	产学研 R&D 投入的增长效率与区域经济增长存在密切关系
	余孟辉（2014）	产学研合作模式是提升区域核心竞争力的重要途径
	吴友群等（2014）	产学研合作对区域经济增长具有正向影响

分类	学者（时间）	研究结论
区域经济发展	吕连菊和阚大学（2017）	从长期来看，江西产学研协同创新有利于经济增长；产学研协同创新短期内也有利于江西经济增长，但短期促进作用较小
	许长青等（2019）	产学研协同创新对区域经济增长具有显著拉动作用

2. 产学研与创新发展的关系

就产学研与国家创新的关系而言，丁厚德（1998）指出，产学研合作是实现国家创新的基本途径，其运行是国家创新体系运行的基础。张艺等（2018）以中国高铁领域的产学研合作为研究案例，探究了学研方与企业在参与产学研合作过程中双方创新能力的演变过程，以揭示后发国家在技术追赶过程中创新主体创新能力的演进机理。方炜等（2019）分析了产学研协同创新网络演化策略、驱动因素与创新绩效之间的关系，并指出产学研协同创新网络已经成为增强国家及区域自主创新能力的主要途径。

在产学研合作中，企业和学研方之间的异质性知识会在组织间流动，产生知识溢出，从而推动区域创新的发展（Diez，2000）。Mueller（2006）指出，产学合作往往通过知识溢出活动对区域创新产生正向影响。Holger 和 Tobias（2009）指出，学研方在区域创新网络中发挥着至关重要的作用。Cowan 和 Zinovyeva（2013）则探究了高校创新发展对区域创新的影响。赵丹萍（2010）通过对广东省省部产学研合作联结机制以及合作实践的考察，分析了省部产学研合作在完善区域创新体系中发挥的重要作用。潘锡杨和李建清（2014）从战略、机制和环境三个方面构建区域性政产学研协同创新体系的结构模型，旨在为区域创新发展提供参考。

就产学研与创新效率的关系而言，李林和傅庆（2014）分析了三大主体创新效率、机构间创新效率差异与区域创新效率之间的关联度。邵桂波（2018）应用随机前沿分析模型，测算了中国大陆 30 个省市区的创新效率值，并且研究了政产学研协同对创新效率的影响机制。

就产学研与创新绩效的关系而言，Wang 等（2018）依据中国省域的面板数据，构建了静态和动态空间计量经济学模型，分析了省域创新绩效、产学研协同创新与空间关联的关系。魏守华等（2013）在估算大学、研发机构对应于产业技术领域的 R&D 数据基础上，测算了产学研合作对中国高技术产业创新绩效的影响。蒋伏心等（2015）采用 2003—2012 年全国 26 个省份的面板数据，通过动态 GMM 方法实证分析了产学研协同创新与区域创新绩效的关系。吴俊等（2016）基于江苏省企业层面的证据，实证探究了产学研合作对战略性新兴产业创新绩效的影响。刘友金等（2017）实证分析了产学研协同对 2005—2015 年长江经济带 11 省市创新绩效的影响。陈盼盼（2017）引入产学研合作政策变量，通过建立计量模型探究了产学研合作政策对区域创新绩效的影响。

就产学研与创新产出的关系而言，王鹏和张剑波（2013）基于中国 13 个省市面板数据，实证考察了外商直接投资和官产学研合作对新产品和专利产出的影响。原毅军和黄菁菁（2016）基于超模博弈和互补性理论构建了区域创新生产函数的拓展模型，探究了产学研合作内部溢出对区域创新产出的影响。表 2-16 对相关研究进行了总结梳理。

表 2-16　产学研与创新发展的关系

分类	学者（时间）	研究结论
国家 / 区域创新	丁厚德（1998）	产学研合作是实现国家创新的基本途径
	张艺等（2018）	产学研合作能够提升后发国家的创新能力
	方炜等（2019）	产学研协同创新网络是增强国家及区域自主创新能力，促进经济转型升级的重要载体
	Diez（2000）	企业和学研方之间的异质性知识会在组织间流动，产生知识溢出，从而推动区域创新的发展
	Mueller（2006）	产学合作往往通过知识溢出活动对区域创新产生正向影响
	Holger 和 Tobias（2009）	学研方在区域创新网络中发挥重要作用
	Cowan 和 Zinovyeva（2013）	高校创新发展能够提升区域创新
	赵丹萍（2010）	省部产学研合作能够促使区域创新资源的优化配置和创新功能的发挥，从而推动区域创新体系的建设
	潘锡杨和李建清（2014）	地方政府、行业企业、高等学校、科研院所、科技中介服务机构以及金融机构各司其职、相互配合、形成合力，共同支撑区域经济协调发展
创新效率	李林和傅庆（2014）	区域创新效率与企业创新效率关联度最大，三大主体间创新效率差异与区域创新效率显著相关
	邵桂波（2018）	中国大陆 30 个省市区的创新效率整体处于较低的水平，高校和科研机构的参与强度对创新效率有着显著的正向作用，中国创新效率整体存在绝对收敛趋势和条件收敛趋势
创新绩效	Wang 等（2018）	产学研协同创新对区域创新绩效具有显著影响，具体而言，在当前期，产学研协同度具有负面影响；但在滞后期，产学研协同度具有正向影响
	魏守华等（2013）	相对于分割状况的 R&D 活动，无论是通过项目合作还是人员交流方式的产学研合作，都有助于提升中国高技术产业创新绩效
	蒋伏心等（2015）	产学研协同度对中国区域创新绩效短期内有显著的正向影响，但长期表现出不稳定的特征

分类	学者（时间）	研究结论
创新绩效	吴俊等（2016）	政府研发补贴、企业技术吸收能力、大企业虚拟变量与产学研合作之间的交互效应对战略性新兴产业创新绩效都具有稳健而显著的正向影响
	刘友金等（2017）	企业与科研院所各自内部协同、政府的支持对区域创新绩效产生了明显的积极影响
	陈盼盼（2017）	产学研合作政策对区域创新绩效存在正向影响
创新产出	王鹏和张剑波（2013）	外商直接投资对新产品产出促进作用明显；官学合作、官研合作和产学合作对新产品和专利产出均有显著的正向作用
	原毅军和黄菁菁（2016）	产学合作能够促进区域创新产出，但产研合作对区域创新产出的促进作用不显著甚至有负面影响；产学研合作能够显著提升全国和内陆地区的区域创新产出

2.2 理论回顾

2.2.1 "三螺旋"理论

"三螺旋"（Triple Helix）理论是美国学者 Etzkowitz 和 Leydesdorff（1995）首先提出的，主要分析大学、产业和政府三者之间协同创新的关系。"政产学"三螺旋理论是目前多元主体协同创新的常用理论之一（吴卫红等，2018a），三螺旋的主体由三个组织构成：大学（包括高校、科研院所及其他一些知识生产机构）、产业（包括高科技创业公司、大型企业集团和跨国公司）和政府（涵盖地方性、区域性、国家层面以及跨国层面等不同层次）（赵东霞等，2016）。"三螺旋"理论不仅关注产、学（研）之间的合作，更加重视政府等其他创新主体的作用，其突破了"大学—产业"双螺旋线性结构，创建了"大学—产业—政府"三螺旋非线性网状创新模型（张秀萍，黄晓颖，2013）。

"三螺旋"理论描述了大学、产业、政府三方在创新过程中以经济发展的需求为纽带，在长期的正式和非正式的合作和交流中，密切合作、相互作用，形成三种力量相互交叉影响、螺旋上升的"三螺旋"的新关系（张秀萍，黄晓颖，2013）。该理论认为，三螺旋关系就是大学、产业与政府作为创新的主体联接起形成的一种力量相互影响又螺旋上升的新型关系（李世超，苏竣，2006）。大学、政府和企业的交互是创新系统的核心单元，三方合作是推动知识传播与应用的重要因素（马永斌，王孙禺，2008）。大学、产业和政府的三重螺旋关系模式如图 2-1 所示。

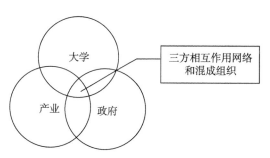

图 2-1　大学、产业和政府的三重螺旋关系模式

资料来源：李世超，苏竣，2006.

三重螺旋在创新中都有自己的核心功能，如大学贡献最前沿的知识，政府提供最有效的政策和高效的管理，产业则生产出最前沿的技术和产品（成洪波，2018）。柳岸（2011）提出，在三螺旋模式下，政府在整个体系中起主导作用，通过直接和间接地提供研究经费和产业政策，不断推动技术的创新和产业的发展。其余二者则发挥各自优势。三螺旋理论的精髓不仅在于强调政产学的互动，还指出政产学之间的边界是流动的，从而在横向上促成三螺旋之间人员、信息和产品等要素的无障碍流动（魏春艳，李兆友，2020）。可见，大学、产业和政府的相互联系和交互作用，能够形成持续不断的创新流，促进三方的共同发展。

Kodama（2008）指出，"大学—产业—政府"这三个领域重叠成的三螺旋结构在积极互动的前提下发挥各自独特作用，逐渐成为国家、区域与跨国创新系统的核心，可以提高创新系统的整体绩效。政府、高校和企业之间是相互独立、相互影响、彼此制约的个体，以螺旋递进的方式作用于社会发展（周情等，2019）。正如马永斌和王孙禹（2008）所言，三重螺旋模型倡导通过大学、政府和企业三条螺旋线的协同互动，推动知识、政策和资本的有效结合，促进价值创新，实现各参与主体的共生共荣。官产学合作创新是一种重要的合作创新模式（杨博旭等，2019），"三螺旋"是指导产学研三大主体进行合作、促进协同创新的重要理论之一。

"三螺旋"理论提供了一个方法论意义上的研究工具，是在传统产学研理论基础上进行的革新，促进了现代产学研理论的发展。该理论的核心价值是把具有不同价值体系的大学、产业和政府统一起来，形成知识领域、生产领域和行政领域的三力合一，进而为经济和社会发展提供坚实稳固的基础（陈红喜，2009）。

2.2.2　资源基础理论

资源基础理论（Resource-based Theory，RBT）起始于 20 世纪 80 年代中期和 90 年代初期（Wernerfelt，1984；Barney，1986，1991；Conner，1991）。资源基础理论着眼于企业内部，以"资源"作为企业战略决策的思考出发点，分析企业的竞争优势。Penrose（1959）认为，企业拥有的资源和能力影响企业绩效和发展方向，是企业获得持续竞争优势的源泉。Wernerfelt 与 Penrose（1959）观点相似，1984 年他发表的论文"企业的资源观"意味着资源基础论的诞生。Wernerfelt（1984）首先提出应以资源视角替代传统的产品视角，作为企业进行战略决策的思考方向；他认为企业可以识别带来高额利润的资源类型并建立资源定位壁垒，使其所累积及培养的资源优势无法被竞争者复制和获取，以此巩固自身的领先地位，从而形成长期可持续的竞争优势。

资源基础理论基于以下假设作为分析前提：企业拥有并控制着不同的有形和无形的资源，这些资源能够转变成独特的能力（王革等，2004）；资源在企业之间具有非完全流动性并且难以复制；这些独特的资源与能力更容易获得持久的竞争优势（Barney，1996）。而资源基础理论的核心研究主题是"企业为什么存在差异以及企业如何获取和保持竞争优势"（Barney，1996）。依据一些学者（Collis，Montgomery，1995；王革等，2004）的观点，资源基础理论将企业看成资源的集合体，将研究视角集中在资源的异质性，认为资源异质性和利用资源的能力是企业成功的关键因素，并以此解释企业的可持续竞争优势以及相互间的差异性。吴金南和刘林（2011）指出，为了更好地理解企业如何获取并维持竞争优势，资源基础理论将企业竞争战略分析由聚焦产品和市场定位，转向聚焦内部资源与能力要素。

Barney（1986）在 Wernerfelt（1984）观点的基础上进行了扩展，认为企业可通过自身资源和能力的积累和培养，形成竞争优势；同时也指出，如果战略资源在企业中均匀分布且具有高度流动性，企业就不可能获得长期可持续的竞争优势，企业还需具备独特的资源管理技能。

在后来的研究中，Barney（1991）基于战略资源在企业间不均匀分布以及这些差异不随时间变化的假设，考察了企业资源与持续竞争优势之间的联系；他指出，一个拥有有价值的、稀缺的、难以模仿和难以替代的资源的企业通常会有较高的绩效水平，并产生超过平均回报率的核心竞争力。因此，资源基础理论关注在特定的资源和能力下企业如何进行合适的战略选择，使其在市场上获得长期可持续的竞争优势。Barney（1991）的资源基础观结构如图 2-2 所示。

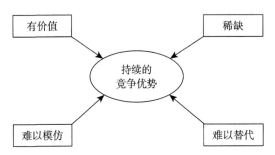

图 2-2　Barney（1991）的资源基础观分析框架

资料来源：Barney，1991.

类似地，Peteraf（1993）认为，给企业带来持续竞争优势的资源需要满足4 个条件：异质性、对竞争的事后限制、不完全流动性和对竞争的事前限制。Peteraf（1993）的资源基础观结构如图 2-3 所示。

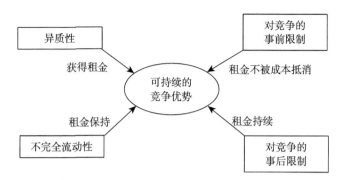

图 2-3　Peteraf（1993）的资源基础观分析框架

资料来源：Peteraf，1993.

2.2.3　产业组织理论

产业组织理论（Theory of Industry Organization，IO）主要关注企业所处的外部市场环境对企业的影响（Porter，1980）。该理论以微观经济学为基础，具体分析产业、市场和企业之间的相互关系，进而为产业组织政策制定者提供决策依据，以促进产业调整优化和发展的一门应用经济学。

马歇尔最先把产业组织的概念引入经济学，他在《产业经济学》一书中，第一次将产业的内部结构定义为产业组织（冯素玲，后小仙，2007）。20 世纪 30 年代以后，以哈佛大学为中心逐步形成了产业组织理论的哈佛学派。1938 年，梅森在哈佛大学成立了产业组织研究小组，继续对市场竞争过程的组织结构、竞争行为方式和市场竞争结果进行经验性研究，提出了产业组织的理论体系和研究方向（程玉春，夏志强，2003；冯素玲，后小仙，2007）。Bain（1959）提出了产业组织理论的基本框架，包括产业组织研究的目的和方法以及现代产业组织理论的三个基本范式（SCP：市场结构、市场行为、市场绩效）等内容，标志着现代产业组织理论的形成。SCP 范式的形成意味着产业组织理论体系的初步成熟，产业组织学因此而成为一门相对独立的经济学科（朱焕，2004）。Bain 的理论框架如图 2-4 所示。

自 20 世纪 60 年代以来，SCP 分析范式成为理论界和经济界讨论与批评的热点，这些批评主要来自芝加哥大学的一些学者（朱焕，2004），由此逐渐形成了产业组织理论的芝加哥学派。依据 Demsetz（1973）的观点，高集中率导致高利润率是生产效率的结果，而不是资源配置低效率的指标。也就是说，由于一些企业在市场竞争中可以取得较高的生产效率，所以他们才能获得高额利润，进而实现企业规模的扩大和市场集中度的提高（刘传江，李雪，2001；朱焕，2004）。芝加哥学派强调市场的竞争效率，认为导致反竞争行为或垄断行为的主要原因是政府对市场的管制造成的进入壁垒，因此，政府应尽量减少干预，让市场充分发挥作用，在长期发展中达到效率水平（Demsetz，1973）。

70 年代以来，众多新理论、新方法的引入使得产业组织理论研究发生了巨大变化，突破了传统产业组织理论的局限，逐渐形成了新制度学派，为产业组织理论研究开辟了全新视野。芮明杰和余东华（2006）提到，新产业组织理论将产业特性、市场力量等其他产业组织因素纳入技术创新研究，分析了技术创新对产业组织演进的作用机制。杜传忠和宁朝山（2016）分析了网络经济条件下的产业组织变革，指出新形势下产业组织要素会发生显著变化，进而影响产业的效率和竞争力。黄纯纯（2018）也指出，网络产业组织理论引入了网络外部性和报酬递增机制，使得产业组织理论把分析对象拓展到新的组织形态。

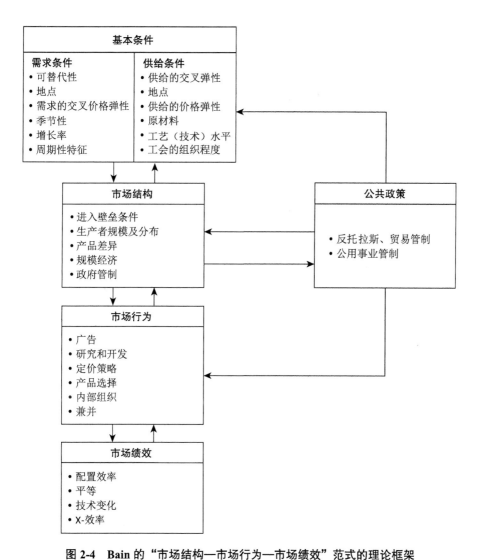

图 2-4 Bain 的"市场结构—市场行为—市场绩效"范式的理论框架

资料来源：参考肯尼斯·W·克拉克森，罗杰·勒鲁瓦·米勒（1989）和周耀东（2002）
以及朱焕（2004）的观点和理论框架进行整理。

2.2.4 灰色系统理论

1982 年，邓聚龙教授发表了关于灰色控制系统的 2 篇论文（Deng，1982；邓聚龙，1982），标志着灰色系统理论的诞生。

灰色系统理论认为，信息系统并不只有信息完全确知的白色系统和信息完全未知的黑色系统（刘思峰，2003），还存在一种"灰色系统"。灰色系统指的是介于白色系统和黑色系统之间的一种系统，以"部分信息已知,部分信息未知"的"小样本""贫信息"不确定性系统为研究对象（刘思峰，2003），通过分析部分已知信息的特点进行推断和确定（王冬梅，王向宁，2019），实现对系统运行行为、演化规律的正确描述和有效监控（刘思峰等，2014）。邓聚龙（1984）还指出，尽管系统的信息不够充分，但作为系统必然是有特定功能和有序的，且有某种外露或内在规律的。灰色系统理论研究不确定系统所具有的"小样本""贫信息"的特点，是概率统计和模糊数学方法所难以做到的。

灰色系统理论包括灰哲学、灰分析、灰建模、灰预测、灰决策、灰控制、灰评估、灰数学等多种研究内容。由于该理论模型对试验观测数据没有特殊的要求和限制，因此，其应用领域十分广泛，普遍应用于农业科学、经济管理、环境科学、医药卫生、教育科学、矿业工程、水利水电、图像信息、生命科学以及控制科学等众多领域。胡大立（2003）基于灰色关联分析的基本理论和方法，建立了企业竞争力多层次灰色评价模型，评价了企业的竞争力。严武和王辉（2012）通过协整检验和灰色关联分析相结合的方法，检验了中国资本市场与产业结构升级之间的联系。陈怀超等（2018）利用灰色关联度对中部六省的产学研三大主体的创新效率与省域创新效率的关系进行了探究，分析了三大主

体创新效率对省域创新的影响。周应堂等（2019）通过灰色系统理论中的递进
时段灰色关联度分析技术，计算了全球创新指数序列与各影响指标序列之间的
灰色关联度，并分析了不同指标对中国全球创新指数的影响程度，得出了这些
指标对全球创新指数的灰色关联度排序。王冲（2019）借助灰色关联分析算法，
分析了宏观经济运行、产业结构、财政投入、劳动报酬和研究环境 5 类影响因
素与高校科技人才流动的关联度情况。

　　灰色系统理论在被广泛应用的同时，本身也得到了不断完善、丰富和发展（李
孜军，2003）。灰色系统理论具有了越来越广泛的适应性和有效性，具有了更强
大的生命力（李孜军，2003）。灰色系统理论现已形成一门新兴学科的结构体系
（刘思峰，2003），该理论的理论框架如图 2-5 所示。

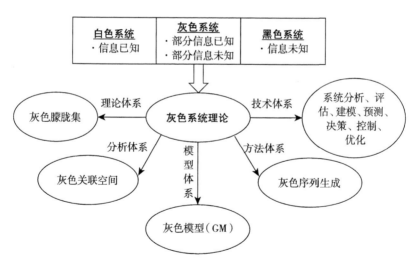

图 2-5　灰色系统理论框架

资料来源：依据刘思峰（2003）的研究整理。

灰色关联分析是基于灰色系统理论产生的一种新的统计分析方法，能够对系统动态发展过程进行量化分析。此方法用灰色关联度顺序描述因素间关系的强弱、大小和次序（谭学瑞，邓聚龙，1995），其基本思想是依据系统变量时间序列数据的几何曲线形状的近似程度判断其联系是否紧密（赵周华，王树进，2018）。在分析变量序列的过程中，如果某两个因素具有同步变化趋势，即可认为二者关联度较高，表明这两个因素之间的关系紧密；反之，则认为二者关联度较低，关系不紧密。这种研究体系对样本容量没有十分严格的要求，样本不需要服从任何分布，更具有普遍性（王冬梅，王向宁，2019）；其研究以点、线对应进行动态分析，结束了统计学只能以平均值代表因素的集中趋势纳入分析研究的局限，使得结果更科学准确；强调了因素关联的顺序而不是具体白化值，保证了结果的合理性（谭学瑞，邓聚龙，1995）。该方法的科学性和先进性使其具有较大的实际价值，在各学科得到了广泛运用。

2.3　文献评述与本书定位

2.3.1　文献述评

通过文献梳理可知，产学研协同创新是指产学研各主体通过彼此间的契约合作开展创新互动，从而实现优势互补和资源整合，并最终达成共同的战略目标；具备动态化、多元化、多样化、协同性、持续性、开放性和高效性的"三化四性"特点。产学研模式从最初的产学研合作模式演变为产学研协同创新模式；在协同创新过程中，企业、高校、科研机构和政府部门均发挥了各自的作用，企业是产学研协同创新的核心主体，高校和科研机构提供各自的人才和技术资源，政府部门则为产学研协同创新活动创造良好的外部环境保障；通过协同创新活动，各主体均能实现要素获取以达到目标，如企业能够获取外部资源、降低交易风险、提高竞争优势，学研方能够获取外部支持、实现自身价值，产学研整体能够实现资源互补并提高系统创新能力。

产学研绩效评价的相关研究主要集中于产学研合作和产学研协同创新两方面，学者分别建立了相应指标体系并进行了测算。针对影响因素的研究，学者们主要从主体特征、知识活动、主体间关系以及外部环境等角度展开，研究发现众多因素均对产学研协同创新有着重要影响。针对宏观后果的研究，学者们主要从经济发展和创新发展两方面进行，并进一步细分为国家和区域发展等，研究发现，产学研协同创新能够帮助提升社会生产力，提升创新效率，促进创新产出，推动经济发展和创新发展。实际上，产学研协同创新考察的是创新主体的投入与产出，需要更多关注产学研协同创新与创新发展的关系。

综上可知，当前对于产学研协同创新的研究较为丰富，但以煤炭企业为主体的产学研协同创新研究不够深入，缺乏采用协同度模型对煤炭企业产学研协同创新进行测度，未能深入探究煤炭企业产学研协同创新的影响因素，并且尚未探讨煤炭企业产学研协同创新与技术创新质量的关系。由此，本书在厘清现有研究思路并结合现有研究不足的基础上，从煤炭企业入手，构建了煤炭企业产学研协同创新系统并展开研究。

2.3.2 本书定位

本书定位如图 2-6 所示。

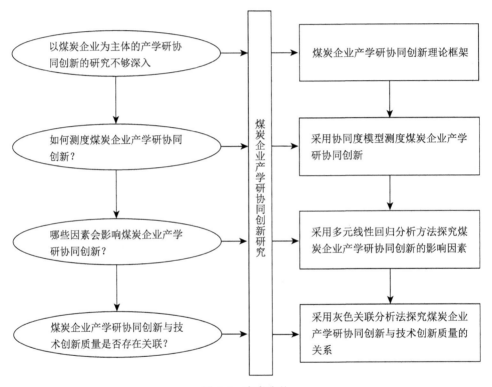

图 2-6 本书定位

本书聚焦于煤炭企业，以煤炭企业产学研协同创新为研究主题，构建较为详细的理论分析框架，并展开研究，以弥补煤炭企业产学研协同创新研究的不足。首先，本书通过构建复合系统协同度模型测度煤炭企业产学研协同创新，厘清了煤炭企业产学研协同创新程度的变化趋势，丰富了当前的理论研究，为现实中促进产学研各主体的协同创新，实现共赢提供支持。其次，本书在了解煤炭企业产学研协同创新程度的基础上，从资源基础理论和产业组织理论出发，分别选取内部因素和外部因素，探究煤炭企业产学研协同创新的影响因素，通过多元线性回归方法验证假设，为煤炭企业产学研协同创新的提升提供理论指导。最后，本书将煤炭企业产学研协同创新与技术创新质量纳入一个框架，采用灰色关联分析法探究煤炭企业产学研协同创新与技术创新质量的关联程度，从而更为全面地剖析煤炭企业产学研协同创新，同时也为提升技术创新质量提供思路。

第3章 煤炭企业与产学研发展概述

3.1 煤炭企业发展现状

煤炭行业作为中国工业的主导产业，在国民经济快速增长中做出了重要贡献。改革开放 40 多年来，煤炭行业整体面貌已经发生了很大的变化，中国煤炭资源的高效安全开发与清洁高效利用水平已进入世界先进行列。[①] 2018 年世界煤炭产量达 93.7 亿吨，中国煤炭产量达 4.8 亿吨，企业主营业务收入约 11783.4 亿元，同比增长 5.8%。

经过 40 多年的创新发展，中国煤炭行业由原来传统的、简单的煤炭企业生产方式向现代化、信息化、智能化转变；从规模、速度、粗放型向质量、效

[①] 杨显峰 . 2018—2019 年中国煤炭行业现状与发展展望：在 2018 年中国国际铁矿石及焦煤焦炭产业大会上的演讲 [EB/OL].（2018-08-22）. http://www.360doc.com/content/18/0913/08/40958856_786250930.shtml.

益、集约型转变，向人才技术密集型转变，特别是在环保各个方面将逐步向燃料与原料并重转变。从全行业来说，力争推动煤炭由传统能源向清洁能源转变。❶为适应经济新常态，煤炭企业只有不断地创新和发展，实现煤炭企业的结构调整和优化升级，走转型发展之路，才能化解和防控风险，实现创新发展。

　　本节将从煤炭基本情况、煤炭开采情况以及规模以上煤炭开采和洗选企业经营情况 3 个方面收集近年来的相关数据，对煤炭行业的发展情况进行分析讨论，以期对煤炭行业发展有更加深入的了解，为后续研究的开展打下基础。

3.1.1　煤炭基本情况

1. 煤炭可供量、煤炭生产量和煤能源消费总量

　　本书结合 2004—2017 年的数据（表 3-1），综合分析了煤炭的一些基本情况，包括煤炭可供量、煤炭生产量和煤能源消费总量，如图 3-1 所示。

表 3-1　煤炭基本情况

（单位：万吨）

年份	煤炭可供量	煤炭生产量	煤能源消费总量
2004	205294.200	212261.100	207561.290
2005	235507.700	236514.600	231851.070
2006	251336.300	252855.100	255065.450
2007	265543.500	269164.300	272745.880
2008	275061.100	280200.000	281095.920
2009	301283.800	297300.000	295833.080

---

❶ 中国报告大厅 . 煤炭行业发展现状 [EB/OL]. （2019-07-18）. http://m.chinabgao.com/k/meitan/48940.html.

续表

年份	煤炭可供量	煤炭生产量	煤能源消费总量
2010	355577.600	342844.700	312236.500
2011	360561.500	351600.000	342950.240
2012	418654.400	394512.800	352647.070
2013	425014.800	397432.200	424425.940
2014	411833.500	387391.900	411613.500
2015	397073.800	374654.200	397014.070
2016	378494.300	341060.400	384560.340
2017	382093.800	352356.200	385723.250

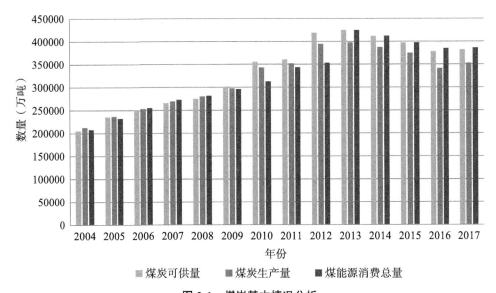

图 3-1　煤炭基本情况分析

数据来源：国家统计局年度数据. http://data.stats.gov.cn/easyquery.htm?cn=C01，2019.

从煤炭可供量来看，它在 2004—2013 年呈现不断上升的趋势，随后出现小范围的下降，2017 年又有所回升。这说明中国的煤炭资源供给逐渐由前期的快速增长阶段进入相对平缓的变化阶段，这既与中国煤炭资源储备量有关，也与能源消费观念的转变相关。从煤炭生产量来看，它与煤炭可供量呈现相同的变化趋势，同样是在 2004—2013 年不断上升，随后轻微下降，到 2017 年出现回升。从煤能源消费总量来看，它也与前两者呈现同样的变动趋势。综合来看，煤炭可供量、煤炭生产量、煤能源消费总量三者始终保持着动态平衡的状态，这在一定程度上能够反映煤炭市场日趋平稳和理性，尽管在小范围内可能存在供不应求或供过于求的情况，但整体发展态势较好。也就是说，中国煤炭市场日趋规范，市场能够及时发挥调控作用。但不可忽视的是，如何根据煤炭市场的变化情况，指导煤炭产业 / 企业增强自身的适应能力，提升其核心竞争力，同样重要。

2. 分行业的煤能源消费情况

表 3-2 列出了 2005—2017 年主要行业的煤能源消费情况，包括农、林、牧、渔、水利业，工业，建筑业，交通运输、仓储和邮政业，批发、零售业和住宿、餐饮业，其他行业和生活消费等各个行业。

表 3-2　主要行业的煤能源消费情况

（单位：万吨）

年份	农、林、牧、渔、水利业	工业	建筑业	交通运输、仓储和邮政业	批发、零售业和住宿、餐饮业	其他行业	生活消费
2005	1513.800	215493.300	603.560	811.170	1674.390	1715.880	10038.970
2006	1502.600	238510.230	651.990	769.940	1791.460	1802.900	10036.340
2007	1519.570	256202.760	615.330	735.890	1868.270	2043.430	9760.610

年份	农、林、牧、渔、水利业	工业	建筑业	交通运输、仓储和邮政业	批发、零售业和住宿、餐饮业	其他行业	生活消费
2008	1522.570	265574.200	603.180	665.410	1791.390	1791.560	9147.610
2009	1582.110	279888.520	635.590	640.890	1977.890	1986.140	9121.900
2010	1711.100	296031.630	718.910	639.230	1969.870	2006.590	9159.170
2011	1756.630	326229.970	781.810	645.850	2211.710	2112.210	9212.060
2012	1766.120	335714.650	753.410	614.260	2362.000	2283.190	9253.440
2013	2450.570	403157.010	811.390	615.410	3966.180	4135.560	9289.830
2014	2578.770	390497.430	913.600	557.970	3767.010	4045.500	9253.220
2015	2625.000	375649.690	878.070	491.600	3863.650	4158.660	9347.130
2016	2778.120	363175.140	805.290	403.860	3825.590	4080.820	9491.520
2017	2833.930	365480.270	732.820	352.710	3461.050	3579.960	9282.520

数据来源：国家统计局年度数据 . http://data.stats.gov.cn/easyquery.htm?cn=C01，2019.

横向分析可知，从整体来看，工业煤消费量最多，占比最大，其次是生活领域和其他行业煤消费量，然后是批发、零售业和住宿、餐饮业以及农、林、牧、渔、水利业领域煤消费量，而交通运输、仓储、邮政业和建筑业则明显处于较低水平。

纵向分析可知：

（1）工业的煤能源消费量在2005—2013年处于持续上升的状态，随后在2014—2016年出现明显下降。接着在2017年出现回暖。也就是说，工业煤能源消费总量在2013年处于区域范围内的极大值，尽管其整体的上升趋势强劲，但仍需注意产生明显波动的年份。

（2）生活的煤能源消费量而言在2005—2010年持续下降，由2005年10038.970万吨下降到2009年的9121.900万吨左右，随后在2010年开始小幅度波动，在2010—2017年则始终保持在9200万吨左右。

（3）其他行业的煤能源消费量在 2005—2015 年同样存在特有的变动规律。其在 2005—2007 年不断上升，随后在 2008 年出现明显下降，与最初年份煤能源消费量趋近，形成了小范围的"倒 U 形"波动。在 2009—2013 年再次出现明显上升，并由一开始的 2000 万吨左右的消费量增加到 4000 万吨左右。尽管在 2014—2017 年出现了轻微波动，但从整体来看，仍然保持在 4000 万吨左右。这表明其他行业的煤能源消费量有着明显上涨的趋势，且在行业煤能源消费量中占比也开始变大。

（4）批发、零售业和住宿、餐饮业的煤能源消费量在 2005—2015 年整体呈现上升趋势。在 2005—2013 年，尽管在 2008 年、2010 年存在相较于前一年轻微下降的情况，但在这一阶段，批发、零售业和住宿、餐饮业的煤能源消费量整体从 1674.390 万吨上升至 3966.180 万吨，也就是说实现了阶段性的飞跃；在 2014 年煤能源消费量下降至 3767.010 万吨，2015 年又上升至 3863.650 万吨，随后在 2016—2017 年持续下降至 3461.050 万吨。这表明在不同时间区间内，批发、零售业和住宿、餐饮业的煤能源消费量呈现阶段式的上升和轻微下降。

（5）农、林、牧、渔、水利业的煤能源消费量在 2005—2008 年始终保持在 1500 万吨左右的水平，随后 2009—2017 年持续稳步上升至 2833.930 万吨，除 2006 年出现轻微的下降外，整体呈现上升趋势。不难看出，相较于工业、服务业等相关行业，农、林、牧、渔、水利业的煤能源消费量明显较低。

（6）交通运输、仓储、邮政业的煤能源消费量尽管在 2011 年、2013 年相较于前一年出现了轻微上升的趋势，但整体来看，呈现下降趋势，已由 811.170 万吨降低到 352.710 万吨左右。这表明交通运输、仓储和邮政业在能源消费改革方面取得了一定成效。

（7）建筑业的煤能源消费量整体呈现波动态势，2014年之前波动上升，并在2014年达到峰值913.600万吨，2015—2017年持续下降至732.820万吨。这表明在2005—2017年，建筑业并未完全实现创新和绿色发展，在其发展过程中，尽管能源消耗量有所下降，但依然存在原材料高能耗、施工环节低效、废弃物排放量大等问题，这也为后续建筑业绿色改革政策的推行提供了现实依据。

3.1.2 煤炭开采情况

考虑到数据的可得性，本节选取了2008—2016年煤炭开采的基本数据，包括原煤开采建设规模、原煤开采施工规模、原煤开采新施工规模、原煤开采新增生产能力、原煤开采累计新增生产能力，结果如表3-3所示。

表 3-3 煤炭开采情况

（单位：万吨）

年份	原煤开采建设规模	原煤开采施工规模	原煤开采新施工规模	原煤开采新增生产能力	原煤开采累计新增生产能力
2008	102845.180	89492.890	33977.800	23059.130	31589.450
2009	119583.990	101007.960	48249.010	32005.700	45825.070
2010	179019.000	137744.000	57410.000	38706.030	60424.000
2011	170472.650	131376.730	60739.880	41281.270	59654.900
2012	202422.790	151118.240	65208.670	39851.640	72205.590
2013	184375.980	140353.940	44237.830	39915.000	65094.900
2014	161485.410	104522.620	34765.700	29545.000	54361.650
2015	125260.230	84287.190	25306.430	22641.690	41035.970
2016	84211.890	44290.960	13620.010	12869.900	24529.470

数据来源：EPS 数据平台（中国煤炭数据库），2019.

具体来看，原煤开采建设规模呈倒 U 形变动，在 2012 年达到峰值，随后开始下降，这表明随着供给侧改革的推进，原煤开采建设情况趋于下降；原煤开采施工规模则呈波动形变化，由 2008 年持续增长到 2010 年，随后下降，并于 2012 年达到 2008—2016 年的峰值，随后出现明显下降；原煤开采新施工规模同样呈现倒 U 形变动，同样是在 2012 年达到峰值，随后下降；原煤开采新增生产能力在 2011 年达到最大值，而原煤开采累计新增生产能力在一定范围的波动之后，于 2012 年达到 2008—2016 年的峰值。不难看出，在 2012 年，无论是原煤开采累计新增生产能力，还是原煤开采建设规模、原煤开采施工规模和原煤开采新施工规模都达到了 2008—2016 年的峰值。随后，这些指标都开始下降，这表明原煤规划存在规律性波动，原煤规划的科学性和合理性还需进一步规范和加强，不断实现能源的可持续发展。

3.1.3　规模以上煤炭开采和洗选企业经营情况

表 3-4 列出了 2004—2017 年规模以上煤炭开采和洗选企业主要的经济指标。

表 3-4　规模以上煤炭开采和洗选企业经营情况

年份	企业单位数（个）	资产总计（亿元）	所有者权益合计（亿元）	主营业务成本（亿元）	主营业务收入（亿元）	利润总额（亿元）
2004	5249	7065.570	2755.260	2796.240	4157.910	349.830
2005	5787	8693.480	3321.990	4040.220	5912.450	561.000
2006	6797	11069.950	4283.330	5226.320	7661.150	690.540
2007	7537	13864.210	5386.790	6609.030	9593.080	1022.180
2008	9212	19457.740	7974.630	10284.610	15315.150	2348.450

续表

年份	企业单位数 （个）	资产总计 （亿元）	所有者权益合计 （亿元）	主营业务成本 （亿元）	主营业务收入 （亿元）	利润总额 （亿元）
2009	8798	23790.090	9746.640	12607.030	17379.940	2208.310
2010	9016	29941.660	12444.700	16788.740	23609.590	3446.520
2011	7695	37936.270	15293.730	22632.840	31413.270	4560.860
2012	7869	44807.040	17488.740	25908.440	34049.980	3808.100
2013	7929	49059.470	17275.670	26055.300	32949.890	2680.190
2014	6850	52319.400	17539.650	25029.000	30321.970	1424.340
2015	5924	53788.470	16771.880	19766.740	23770.310	405.070
2016	5049	53371.260	16149.450	17670.710	22328.520	1159.530
2017	4435	53417.860	17139.190	17722.190	24870.640	2952.690

数据来源：国家统计局年度数据 . http://data.stats.gov.cn/easyquery.htm?cn=C01，2019.

具体来看，企业单位数能够反映出当前规模以上煤炭开采和洗选行业的发展规模，在 2004—2010 年，企业单位数由 5000 个左右增加到 9000 个左右，这表明规模以上煤炭开采和洗选行业发展态势良好，市场对煤炭需求量不断提高；在 2011—2017 年，企业单位数出现下降，这表明行业竞争趋于激烈，规模以上煤炭开采和洗选市场逐渐饱和，一些经营不善、竞争力较弱的企业开始被淘汰。

资产总计体现了规模以上煤炭开采和洗选企业所拥有或控制的，预期能够给自身带来经济利益的所有资源，这些资源均可以视为企业从事生产经营活动的物质基础。在 2004—2015 年，规模以上煤炭开采和洗选企业的资产总计不断提升，实现了 7065.570 亿元到 53788.470 亿元的激增；随后，2016—2017 年略有下降，达到 53417.860 亿元。也就是说，规模以上煤炭开采和洗选企业的资产情况较好，具备较为雄厚的发展基石，这与煤炭行业属于资本密集型和劳动密集型相关。相关企业或产业在发展过程中，除了增加资产投入，提供坚实的发展基石以外，更应提高资产中知识资源的占比和使用，充分发挥创新人才和技术的带动作用，进一步提高资产利用率。

所有者权益合计则能够反映所有者投入资本的保值增值情况。在 2004—2017 年，规模以上煤炭开采和洗选企业的所有者权益不断增加，实现了千亿级别到万亿级别的激增。尽管在 2013 年、2015 年和 2016 年所有者权益有轻微减少，但其在 2017 年又逐渐回升。这反映出规模以上煤炭开采和洗选企业随着资本投入，实现了单位数量增长、所有者权益增加的局面。这也能够反映出，无论是债权人还是股权人都对规模以上煤炭开采和洗选行业表现出较大的信心，体现了能源发展的重要地位。

主营业务成本则反映了规模以上煤炭开采和洗选企业在生产经营过程中所需付出的成本。从主营业务成本来看，在 2004—2013 年呈现不断上升的趋势，尽管在 2014 年以后出现下降，但规模以上煤炭开采和洗选企业的主营业务成本已经由最初的 2796.240 亿元达到 17722.190 亿元，这种情况的发生一方面与中国开采和洗选企业数量不断增多、市场竞争逐渐激烈的大背景有关，但另一方面也暴露出开采和洗选行业在规模扩大过程中可能存在的一些问题，包括资源转换率低、产出效益差、冗余环节多等。也就是说，若想实现成本降低，不仅需要个体企业扭转发展思路，采取适合自身实际情况的发展战略，避免采用价格战等手段，而且应该关注自身的资源投入、转化和产出环节，找出制约企业发展的瓶颈所在，通过资源节约、效率提高和创新发展来实现企业的高经济收益。

主营业务收入和利润总额能够反映规模以上煤炭开采和洗选企业的经营情况和盈利能力。首先，从主营业务收入来看，在 2012 年以前，呈现不断上升的变动趋势，随后出现下降，2017 年又有所回升，但整体已经由 2004 年的千亿级别跃升到万亿级别，这表明中国开采和洗选企业的盈利能力较好，生产经营情况较为理想。其次，从利润总额来看，其在 2004—2011 年不断上升，这表明企业的经营状况良好，市场环境逐渐趋于有利。利润总额从 2012 年的 3808.100 亿元逐渐下降到 2015 年的 405.070 亿元，2016—2017 年又逐渐上升，达到 2952.690 亿元，但相比于 2011 年的最高值 4560.860 亿元，差距较大。可见，主营业务收入和利润总额大体呈现规律一致的波动，但利润总额的变化幅度更大。总体来说，煤炭行业在 2011 年前经历了一段极速扩张的发展黄金期，在宏观经济高速增长的发展环境下，煤炭需求大幅增长，带来产量、价格、利润的飞速增长。但煤炭行业的盲目扩张掩盖了许多内在矛盾，如发展思路有误、管理出现问题以及潜在的安全隐患等，导致行业整体发展出现滑坡，2011 年以后进入"寒冬期"。从企业自身来看，在 2011 年以前，不断涌入的企业使得整个行业的竞争加剧，企业间的激烈竞争加大了内耗，导致系统整体的不稳定性提高，经济效益降低。而后随着供给侧结构性改革的实施以及节能减排的大力提倡，煤炭行业开始寻求转型发展，全面深化供给侧改革，去产能任务超额完成，逐渐呈现出供需形势向好、原料价格持续回升、企业效益明显改善的态势，由此进入了发展的新阶段。

3.2　产学研发展概述

3.2.1　中国产学研的发展政策

20 世纪 80 年代，中国企业、高校和科研机构之间的协同创新活动已经陆续展开，当时政府尚未明确界定产学研协同创新。自 90 年代初以来，政府逐渐出台了一系列产学研相关政策。根据刘瑞（2017）的研究，本书梳理了不同年份产学研的相关政策，具体如图 3-2 所示。

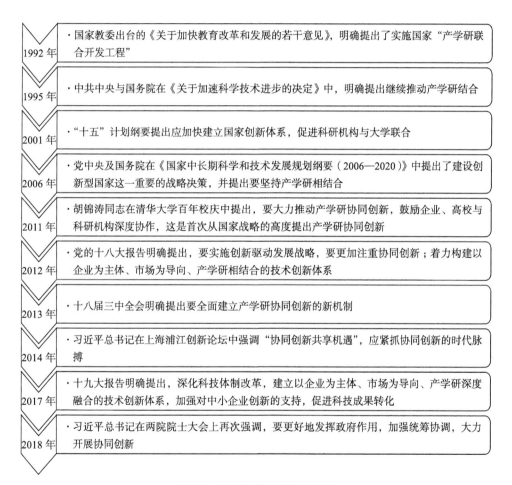

图 3-2 中国产学研的发展政策

3.2.2 各国产学研的发展经验

纵观发达国家（包括美国、英国、德国、日本）的产学研发展，显而易见的是各国对产学研合作的重视程度不断加强。从产学研合作一系列相关法律、制度的制定、实施，优惠政策的出台，到创造条件形成金融资本、风险资本，都是为了促进产学研合作更快更好地发展（李泽民，2011）。表 3-5 列示了部分国家在产学研发展过程中的经验。

表 3-5 部分国家产学研的发展经验

国家	产学研发展现状	产学研发展经验
美国	美国是最早开始发展产学研合作的国家；美国产学研合作的思想渊源是 1862 年的《莫雷尔法案》，该法案支持由政府免费提供土地用于创办大学；随着美国赠地大学的兴起，这些学校逐渐开始与企业开展合作，形成了合作教育模式，美国产学研协同创新模式由此不断兴起；美国的大学、联邦实验室与工业界之间已经形成了较为稳固的合作关系	（1）"科技中心计划"：目的是持续资助以大学为基地的研究中心，在中心内部有效整合研究、教育和知识转移等；此计划由形成合作伙伴关系的多所大学共同组建研究中心，并且由大学、非营利机构、企业界和国家实验室共同合作开展研究中心的各项工作 （2）大学科学园：由高校、企业、政府构建的科研互动平台能够产生科研集群效应，并提高科技园的竞争力和创新力 （3）企业孵化器：新企业在创办初期，政府、企业、高校提供场地、服务、技术等多种支持，以帮助新企业解决遇到的发展难题
英国	19 世纪末，英国的大学开始与工业企业建立联系，这可以视为英国产学研合作的萌芽；目前英国主要的产学研合作模式主要有教学公司模式、剑桥科学公园模式和创业型大学模式（沃里克模式）	（1）教学公司：在产学研紧密结合的同时，发展中小企业并提高大学生的实践技能，实质是资源的优化配置；通常，一个教学公司项目包括企业、高校及项目经理三方 （2）剑桥科学公园：由地方政府和大学自发建设并发展，一般由大学、研究机构、地方政府、私人投资者联合创办 （3）沃里克模式：沃里克大学办学理念以创新、创业为核心，专注于创新科研成果的产出以及创业精神的塑造，投资者被优秀的物质及精神条件吸引，积极与政府建立合作关系，创办自主投资的高技术企业，推动高校科技成果转化

续表

国家	产学研发展现状	产学研发展经验
德国	德国经济实力强大，具备严谨的工作作风，其产学研协同创新也形成了自身特有的模式；德国政府正确导向为产学研协同创新营造了良好的发展环境，张弛有度的政策措施深化了高校、科研机构、企业之间的合作关系	（1）双元制模式：由高校和企业联合进行职业人才培养的一种协同模式，学生在学习文化知识和理论知识的同时还需要接受企业的实践技能培训 （2）校研合作：高校和科研机构之间就人才培养和科学项目的研究开展多样化的合作，主要有联合研究项目模式、联合聘任大学教授模式、共享科学设施模式、共建时效性研究单元模式
日本	日本政府非常重视对创新要素的投入，积极推进产学研协同创新，激发了高校、科研机构服务社会的功能，促进了科研成果转化和技术创新，在生命科学、信息通信、环境技术、能源技术等方面取得了较高的成就，推动了经济社会发展	"产学官"合作：日本产学研协同创新模式是以政府为推动力，利用企业对前沿科学技术的市场敏锐度和高等院校科学研究的设备和人才优势，开展各项技术创新和产品创新活动

资料来源：参考于天琪（2019）、杨晨露（2014）、李长萍（2017）的研究整理。

3.2.3　产学研协同创新的发展要求

李泽民（2011）提到，在发达国家，由于产学研合作开展的时间长，国家、公司、机构和个人都已经对产学研合作所带来的作用和影响形成共识，充分意识到加强产学研合作对提高国家创新能力，提高国家在世界范围内的竞争力，以及提高企业绩效的现实意义。他把发达国家产学研合作的优势和特点总结为三点：第一，政府重视，即政府以政策、资金或主持项目等形式介入产学研合作过程中，充分发挥其引导和支配作用；第二，产学研合作环境优越，即发达国家为创造良好的产学研合作环境制定了一系列举措，加强各方面建设；第三，产学研合作各方积极性高，即产学研各主体（包括企业、大学与科研机构）积极参与产学研活动，建立产学研联盟以促进自身和整体发展。为了确保产学研的稳定发展，相关学者对产学研协同创新提出了不同的要求。例如，饶燕婷（2012）认为，产学研协同创新更加强调多个组织和要素的一体化深度协作，不仅要求创新主体的协同合作，也要求创新目标、组织、制度和环境等的协调与整合。何郁冰（2012）指出，产学研深度合作需要战略协同、知识协同以及组织协同。其中，战略协同涉及价值观（或文化）、信任和交流、以及风险（或利益）观念3个方面；知识协同涉及隐性（或显性）知识、组织间学习以及知识界面3个方面；组织协同涉及结构与过程、协调机制以及组织网络化3个方面。

本书认为，产学研协同创新的要素包括主体协同、战略协同、目标协同、组织协同、知识协同、制度协同和环境协同，具体内容如表3-6所示。

表3-6 产学研协同创新的发展要求

协同要素	地位	具体内容	具体要求
主体协同	核心	（1）企业、高校和科研机构充分利用自身的资源和优势进行技术开发和协同利用 （2）政府可以提供法律保护、财政支持等，释放出积极的制度信号 （3）金融机构可以运用科学的金融工具，为产学研提供更多样化的融资渠道，降低资本投入的压力 （4）其他中介机构则可以起到监督评估、信息服务等作用	只有充分运用内外部各项资源，激发各主体的创新潜能，才能最大程度上发挥协同效应，实现经济效益和社会效益的最大化
战略协同	导向	（1）各主体需要在价值观和文化上实现协同，避免不同导向带来的冲突 （2）构建基于信任和交流愿景的协同，增进彼此之间的良性沟通 （3）实现风险和利益观念上的协同	只有增强彼此之间的认同感，避免角色错位，设计合理的利益分配和风险共担机制，才有可能保持长久的合作关系

协同要素	地位	具体内容	具体要求
目标协同	前提条件	（1）企业想要获取创新技术，提高产品品质（2）高校和科研机构想要提高科研成果的市场转化率，完善人才的培养环节（3）政府想要借此串联起地区经济发展、创新水平和教育情况等多种要素，打造地区独特的竞争优势	各协同方需要找到一个利益结合点，明确统一的战略目标，并以此作为自身的创新驱动力，更好地应对合作过程中出现的问题，保证协同创新的效果
组织协同	支撑平台	各主体需要建立稳定的合作，实现组织上的协同，提高彼此间的组织契合度，从而解除合作之初存在的边界壁垒和组织屏障	产学研系统需要构建深度融合的组织结构，才能使各创新资源在组织间高效流动，实现知识、技术、信息等要素的有序扩散、融合和转化，最终提高产学研协同创新系统的稳定性
知识协同	知识基础	具体措施包括提高产学研之间的心理沟通和信息流动、搭建知识协同的平台、尊重合作者的知识产权等	只有真正实现知识层面的协同创新，才能提高资源利用率，真正实现优势互补
制度协同	制度保障	无论是正式制度层面的组织规章、合作流程、奖惩机制等，还是非正式制度层面的企业文化、员工习惯、组织氛围都会对产学研协同创新产生影响	为了保证产学研协同创新的顺利进行，各主体需要在合作之初，签订正式的合作契约，以制度引导和规范合作各方的行为，避免合作过程中的投机行为和道德风险
环境协同	坚强后盾	产学研协同创新需要密切关注外部的因素，如相关法律、税收制度、市场环境、社会文化、信息平台、金融和中介服务等	只有意识到内外部环境协同发展，各主体才能提高对于环境的应对能力，更好地应对外界挑战，并抓住外部的发展机会

资料来源：依据饶燕婷（2012）、何郁冰（2012）的研究整理。

3.3　本章小结

本章分别分析了煤炭企业和产学研的发展现状。首先，基于年度数据分析了煤炭基本情况、煤炭开采情况以及规模以上煤炭开采和洗选企业经营情况，从而对煤炭企业各方面近几年的发展情况有了初步了解，为后续研究打下基础。其次，从中国产学研发展政策、各国产学研发展经验以及产学研协同创新的发展要求3个方面对产学研发展情况进行梳理，了解到自20世纪90年代起，中国产学研协同创新政策逐渐完善，各主体协同创新程度逐渐加深；各国在产学研发展中都形成了各具特色的发展形式且取得了一些成果，颇有成效；可以从主体协同、战略协同、目标协同、组织协同、知识协同、制度协同、环境协同七个方面对产学研协同创新提出要求，推动其创新发展。

第4章 煤炭企业产学研协同创新的测度

4.1 研究思路

随着科技革命和产业变革的加速推进，产学研协同创新已成为能够有效提升国家自主创新能力、建设创新型国家的重要策略。煤炭是一种重要的能源，煤炭企业产学研协同创新关系着经济社会的可持续发展，关系着国家创新体系的构建。可见，探讨煤炭企业产学研协同创新的问题具有重要意义。就煤炭企业产学研协同创新的相关研究而言，尽管一些学者（韩素娟，2014；王帮俊等，2015；经曼，2016；宋彧，田亚飞，2016；夏宗洋等，2018）从煤炭、煤炭行业高校、煤炭行业、煤炭企业出发，分析了产学研的相关问题。然而，这些研究缺乏对煤炭企业产学研协同创新进行的测度。

鉴于此，本章以煤炭企业为出发点，建立"煤炭企业—高校—科研机构"产学研协同创新系统，并以此测算产学研协同创新程度。首先，从投入和产出视角构建煤炭企业、高校和科研机构三大子系统的评价指标体系，收集2003—2017年的相关数据并对数据进行预处理；其次，构建产学研协同创新的复合系统协同度模型，并采用相关矩阵赋值法确定各指标的权重；最后，利用已获取数据计算三大子系统的有序度，进而计算煤炭企业产学研创新系统整体和两两子系统的协同度，从而测算产学研三大主体的协同创新程度，以推动煤炭企业产学研的协同创新发展。煤炭企业产学研协同创新测度的研究思路如图4-1所示。

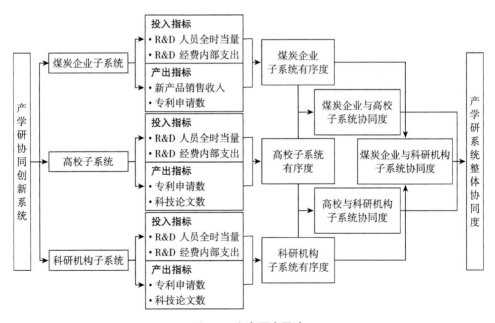

图4-1　本章研究思路

4.2　指标体系与数据来源

4.2.1　指标体系

依据王宏起和徐玉莲（2012）的观点，构建科学合理的指标体系是协同度准确测算的关键环节。该指标体系须能够全面反映产学研各主体的协同发展状态，但又不宜过于繁杂，避免信息冗余。煤炭企业产学研协同创新系统包括煤炭企业子系统、高校子系统和科研机构子系统（以下简称三大子系统）。在对文献进行梳理的基础上，依据煤炭企业产学研协同创新系统的特点，本书从投入和产出两个方面构建了指标体系，具体如表 4-1 所示。

表 4-1　煤炭企业产学研协同创新系统的指标体系

子系统	投入指标	产出指标
煤炭企业子系统（S_1）	R&D 人员全时当量（人） R&D 经费内部支出（万元）	新产品销售收入（万元） 专利申请数（件）
高校子系统（S_2）	R&D 人员全时当量（人） R&D 经费内部支出（万元）	专利申请数（件） 科技论文数（篇）
科研机构子系统（S_3）	R&D 人员全时当量（人） R&D 经费内部支出（万元）	专利申请数（件） 科技论文数（篇）

煤炭企业在产学研协同创新中需要投入一定的人员和资金，一些学者（李林，傅庆，2014；白俊红，卞元超，2015；姚潇颖，卫平，2017）在研究中分别选择 R&D 人员全时当量和 R&D 经费内部支出作为人员和资金投入的衡量指标。因此，本书选择 R&D 人员全时当量和 R&D 经费内部支出作为煤炭企业的

投入指标。其中，R&D 人员全时当量是指煤炭企业研发活动全时人员按科研工作量折算后的总和，反映了煤炭企业产学研协同创新中投入的实际人力；R&D 经费内部支出是指煤炭企业开展内部研发活动的实际资金支出，反映了煤炭企业在产学研协同创新中的资金支持力度。一般而言，企业会追求产业成果产出，用代表成果的商业化利用和创新对经济发展起促进作用的新产品和产值指标衡量较为合适（Cruz-Cázares et al.，2013；陈光华等，2014b）。一些学者在研究中分别选择专利申请数（李林，傅庆，2014；黄菁菁，2017）、新产品销售收入（李林，傅庆，2014；白俊红，卞元超，2015；姚潇颖，卫平，2017）作为产出指标。由此，本书选择专利申请数和新产品销售收入这两个指标作为煤炭企业在产学研协同创新中的产出指标。其中，专利申请数是衡量企业科技活动产出的常用指标，反映了煤炭企业创新的知识成果和技术水平；新产品销售收入是煤炭企业获得的直接经济后果，反映了煤炭企业终端产品的创新能力。

高校和科研机构作为产学研协同创新中技术和知识的主要提供方（Caloghi-rou et al.，2001；Piva，Rossi-Lamastra，2013），二者的投入和产出指标类似。相关研究（李林，傅庆，2014；姜彤彤，2015）主要采用 R&D 人员全时当量和 R&D 经费内部支出作为高校和科研机构的人员和资金投入指标。其中，R&D 人员全时当量反映了高校和科研机构在产学研协同创新中投入的实际人力；R&D 经费内部支出反映了高校和科研机构在产学研协同创新中的资金支持力度。一般而言，高校和科研机构主要进行基础科学研究。二者追求科技成果产出，用代表新知识和新发明的论文和专利衡量较为合适（Cruz-Cázares et al.，2013；陈光华等，2014b）。在相关研究中，一些学者（李林，傅庆，2014；陈光华等，2014b）分别选择专利申请数和科技论文数作为高校和科研机构的产出指标。由此，本书选择专利申请数和科技论文数这 2 个指标作为高校和科研机构在产学研协同创新中的产出指标。其中，高校和科研机构的专利申请数反映了二者创新的知识成果和技术发展水平；科技论文数是二者在产学研协同创新中的文字性成果，反映了知识创造和科学研究的总体水平。

4.2.2　数据来源与预处理

一般而言，二手数据有利于降低主观指标以及调研数据所产生的统计偏误，其结果更为客观和精确（白俊红，卞元超，2015）。考虑到数据的可获取性，本书中三大子系统相关指标的数据来自《中国科技统计年鉴》《高校科技统计资料汇编》和中国科技统计网发布的中国科技统计数据（2004—2017 年），存在部分缺失数据采用相关方法补齐。在选取行业数据时，姜彤彤（2015）考虑到数据的统计口径和可获取性问题，在 2011 年前后分别采用大中型工业企业和规模以上工业企业的数据进行分析；万伦来和陶建国（2012）选取某省煤炭开采和洗选企业的数据作为煤炭企业的数据；朱亮峰（2015）在其研究中，将煤炭企业的数据采用规模以上大型煤炭工业企业数据作为替代。因此，依据这些学者的观点以及《中国科技统计年鉴》中已有的相关指标，考虑到数据的可获取性，本书选择规模以上工业企业或大中型工业企业中煤炭开采和洗选业作为煤炭企业的数据。

考虑到物价变动的影响，本书对与价格相关的 R&D 经费内部支出和新产品销售收入数据进行了平减处理，具体平减公式如下：

$$X = X^*/\mathrm{PI} \tag{4-1}$$

其中，X^* 为名义统计指标；X 为实际统计指标；PI 为以 2010 年为基期测算的价格指数。

R&D 经费内部支出用 R&D 价格指数进行平减，新产品销售收入用工业生产者出厂价格指数进行平减。由于 R&D 经费支出主要由 R&D 活动人员的消费和固定资产支出构成，故 R&D 价格指数由消费物价指数和固定资产投资价格指数加权合成。其中，消费物价指数 PI_c 的权重设为 55%，固定资产投资价格指数 PI_i 的权重设为 45%（朱平芳，徐伟民，2003），计算公式如下所示：

$$PI = 0.55PI_c + 0.45PI_i \qquad （4\text{-}2）$$

其中，消费物价指数、固定资产投资价格指数、工业生产者出厂价格指数的相关数据均来自国家统计局网站。

参考白俊红和卞元超（2015）的数据处理方法，本书通过无量纲化对原始数据进行标准化处理以消除不同量纲之间的差异。标准化处理方法为均值 – 标准差法，具体公式如下：

$$B_{ij} = \frac{X_{ij} - \overline{X}_j}{\sigma_j} \qquad （4\text{-}3）$$

其中，B_{ij} 表示标准化后的数据；$\overline{X}_j = \dfrac{1}{n}\sum_{i=1}^{n} X_{ij}$ 表示均值；$\sigma_j = \sqrt{\dfrac{1}{n}\sum_{i=1}^{n}\left(X_{ij} - \overline{X}_j\right)^2}$ 表示方差。经过指数平减和无量纲化处理后，三大子系统评价指标的数据如表 4-2 所示。

表 4-2　2003—2017 年三大子系统评价指标数据

年份	煤炭企业子系统				高校子系统				科研机构子系统			
	R&D人员全时当量（人）	R&D经费内部支出（万元）	新产品销售收入（万元）	专利申请数（件）	R&D人员全时当量（人）	R&D经费内部支出（万元）	专利申请数（件）	科技论文数（篇）	R&D人员全时当量（人）	R&D经费内部支出（万元）	专利申请数（件）	科技论文数（篇）
2003	-2.126	-1.595	-1.522	-1.206	-1.731	-1.344	-1.008	-1.633	-1.352	-1.255	-1.078	-1.888
2004	-1.928	-1.316	-1.336	-1.150	-1.333	-1.216	-0.959	-1.429	-1.360	-1.226	-1.087	-1.554
2005	-0.996	-1.265	-1.089	-1.116	-1.069	-1.063	-0.897	-1.183	-1.194	-1.075	-0.968	-1.220
2006	-0.189	-1.069	-0.856	-1.006	-0.802	-0.94	-0.844	-0.829	-0.962	-0.982	-0.961	-0.886
2007	-0.383	-0.854	-0.742	-0.962	-0.602	-0.841	-0.781	-0.521	-0.634	-0.799	-0.802	-0.468
2008	0.518	-0.578	0.200	-0.701	-0.377	-0.654	-0.653	-0.272	-0.570	-0.667	-0.655	-0.217
2009	0.530	0.101	1.102	-0.424	-0.231	-0.351	-0.492	-0.059	-0.333	-0.310	-0.551	0.284
2010	0.374	0.352	-0.669	-0.176	0.022	0.045	-0.318	0.145	-0.106	-0.036	-0.337	0.368
2011	0.914	0.953	1.109	0.356	0.190	0.229	-0.077	0.356	0.202	0.046	0.045	0.451
2012	0.575	1.150	1.143	0.758	0.439	0.484	0.134	0.407	0.589	0.399	0.280	0.284
2013	1.174	1.077	1.273	1.187	0.635	0.688	0.400	0.464	0.870	0.732	0.667	0.618
2014	1.114	0.940	0.695	0.915	0.810	0.783	0.589	0.570	1.011	0.924	0.962	0.785
2015	0.302	0.784	-0.046	1.270	1.161	1.100	1.059	0.772	1.147	1.257	1.213	1.036
2016	-0.018	0.547	-0.267	0.782	1.251	1.303	1.680	1.257	1.237	1.422	1.529	1.120
2017	0.140	0.773	1.005	1.472	1.637	1.777	2.167	1.955	1.454	1.571	1.745	1.287

数据来源：《中国科技统计年鉴》《高校科技统计资料汇编》和中国科技统计数据（2004—2018）。

4.3 协同度模型构建

4.3.1 模型构建过程

参考一些学者的模型构建过程（白俊红，卞元超，2015；刘志迎，谭敏，2012），本书构建了煤炭企业产学研复合系统协同度模型。具体模型构建过程如下所述。

1. 计算子系统有序度

复合系统由若干子系统或要素构成，假设煤炭企业产学研协同创新复合系统为 $S = \{S_1, S_2, S_3\}$，S_1，S_2，S_3 分别表示煤炭企业、高校和科研机构的子系统。设 S_i 在其发展过程中的序参量 $C_i = (C_{i1}, C_{i2}, C_{i3}, \cdots, C_{in})$。其中，$n \geq 1$，$\beta_{ij} \leq C_{ij} \leq \alpha_{ij}$，$j \in [1, n]$；$C_i$ 表示煤炭企业子系统、高校子系统和科研机构子系统的各自指标；C_{ij} 为系统的序参量分量；α_{ij}，β_{ij} 分别为序参分量的最大值和最小值。

一般而言，系统有序度表现为两种情况：一种是当 C_{i1}，C_{i2}，$\cdots$，C_{ik} 为正向指标时，其数值与系统有序度存在正向关系；另一种是当 $C_{i(k+1)}$，$C_{i(k+2)}$，$\cdots$，C_{in} 为负向指标时，其数值与系统有序度存在反向关系。由此，系统有序度 $X_i(C_{ij})$ 计算公式如下：

$$X_i(C_{ij}) \begin{cases} \dfrac{C_{ij} - \beta_{ij}}{\alpha_{ij} - \beta_{ij}} & (j \in [1, k]) \\ \dfrac{\alpha_{ij} - C_{ij}}{\alpha_{ij} - \beta_{ij}} & (j \in [k+1, n]) \end{cases} \quad (4\text{-}4)$$

由式（4-4）可知，$X_i(C_{ij}) \in [0, 1]$，其数值与 C_{ij} 对系统有序的贡献也存在正向关系。C_{ij} 对系统有序的总贡献可以采用相应的公式计算，即

$$X_i(C_i) = \sum_{j=1}^{n} \omega_i X_i(C_{ij}) \qquad （4-5）$$

其中，$\omega_i \geqslant 0$；$\sum_{j=1}^{n} \omega_i = 1$，$X_i(C_i)$ 为 C_{ij} 的系统有序度；ω_i 为权重。由式（4-5）可知，$X_i(C_i) \in [0, 1]$，其数值与系统有序度存在正向关系。

2. 计算两系统协同度

假定两个子系统在初始时刻 t_0 和推移的某一时刻 t_1 时，系统有序度分别为 $X_1^0(C_1), X_1^1(C_1), X_2^0(C_2), X_2^1(C_2)$，两系统的协同度公式如下：

$$D_{1,2} = \gamma \sqrt{\left(\left|X_1^1(C_1) - X_1^0(C_1)\right| \left|X_2^1(C_2) - X_2^0(C_2)\right|\right)} \qquad （4-6）$$

其中，$\gamma = \begin{cases} 1 & \left(X_1^1(C_1) - X_1^0(C_1) > 0 \text{ 且 } X_2^1(C_2) - X_2^0(C_2) > 0\right) \\ -1 & （其他） \end{cases}$。$D_{1,2} \in [-1, 1]$，其值越大，两系统的协同度越高，反之越低。

3. 计算系统整体协同度

假设 t_0 和 t_1 时，各子系统有序度分别为 $X_i^0(C_i)$ 和 $X_i^1(C_i)$。煤炭企业产学研创新系统整体的协同度计算公式如下：

$$C = \lambda \sqrt[3]{\prod_{i=1}^{3} \left|X_i^1(C_i) - X_i^0(C_i)\right|} \qquad （4-7）$$

其中，$\lambda = \begin{cases} 1, & \left(X_1^1(C_1) - X_1^0(C_1) > 0 \text{ 且 } X_2^1(C_2) - X_2^0(C_2) > 0 \text{ 且 } X_3^1(C_3) - X_3^0(C_3) > 0\right) \\ -1, & （其他） \end{cases}$。

由式（4-7）可知，整个复合系统的协同度 $C \in [-1, 1]$，其值越大，复合系统的协同度越高，表明整个系统处于良好协同状态；其值越小，复合系统的协同度越低，表明整个系统处于较差的协同状态。

4.3.2　指标权重的确定

在构建指标体系时，须确定各指标在体系中的权重。本书采用相关矩阵赋权法确定各指标的权重。相关矩阵赋权法的基本思想是用指标间的相关系数反映指标间相互影响的程度，相关系数的绝对值越大，说明指标间相互影响的程度越高；反之，说明指标间相互影响的程度越低（徐浩鸣等，2003）。

设指标体系中包含 n 个指标，在计算中需要将标准矩阵转化为相关矩阵，设为 $\boldsymbol{R}$。计算过程如下：

$$\boldsymbol{R} = \begin{bmatrix} r_{11} & r_{12} & \cdots & r_{1n} \\ r_{21} & r_{22} & \cdots & r_{2n} \\ \vdots & \vdots & \ddots & \vdots \\ r_{n1} & r_{n2} & \cdots & r_{nn} \end{bmatrix} \tag{4-8}$$

其中，$r_{ii} = 1$ $(i = 1, 2, \cdots, n)$。通过计算得出各子系统对应的相关矩阵，令 $R_i = \sum_{j=1}^{n} |r_{ij}| - 1$ $(i = 1, 2, \cdots, n)$。其中，R_i 表示第 i 个指标对其他 $(n-1)$ 个指标的总影响。R_i 越大，表明该指标的影响越大，其权重也越大。各指标的权重 ω_i 可以通过对 R_i 进行归一化处理得到。

$$\omega_i = \frac{R_i}{\sum_{i=1}^{n} R_i} \qquad (i = 1, 2, \cdots, n) \tag{4-9}$$

结合上述相关矩阵便可测算出 R 值，根据式（4-9）的计算方法可求出煤炭企业子系统的指标权重；运用同样的计算方法，可得到高校和科研机构子系统的指标权重。三大子系统各指标权重如表 4-3 所示。

表 4-3 三大子系统各指标权重

煤炭企业子系统	高校子系统	科研机构子系统
R&D 人员全时当量 $\omega_{11} = 0.243$	R&D 人员全时当量 $\omega_{21} = 0.254$	R&D 人员全时当量 $\omega_{31} = 0.254$
R&D 经费内部支出 $\omega_{12} = 0.268$	R&D 经费内部支出 $\omega_{22} = 0.254$	R&D 经费内部支出 $\omega_{32} = 0.254$
新产品销售收入 $\omega_{13} = 0.249$	专利申请数 $\omega_{23} = 0.244$	专利申请数 $\omega_{33} = 0.249$
专利申请数 $\omega_{14} = 0.240$	科技论文数 $\omega_{24} = 0.248$	科技论文数 $\omega_{34} = 0.242$

4.4 协同度结果分析

4.4.1 有序度的计算与结果分析

由式（4-4）和式（4-5），结合各指标的权重，即可得到煤炭企业产学研三大子系统的有序度，如表 4-4 所示。

表 4-4 2003—2017 年三大子系统的有序度

年份	煤炭企业子系统	高校子系统	科研机构子系统
2003	0.000	0.000	0.002
2004	0.063	0.061	0.028
2005	0.162	0.119	0.093
2006	0.271	0.184	0.148

续表

年份	煤炭企业子系统	高校子系统	科研机构子系统
2007	0.292	0.238	0.240
2008	0.493	0.301	0.290
2009	0.665	0.367	0.391
2010	0.542	0.448	0.461
2011	0.847	0.512	0.536
2012	0.880	0.572	0.611
2013	0.967	0.628	0.726
2014	0.874	0.672	0.795
2015	0.764	0.777	0.878
2016	0.654	0.862	0.935
2017	0.863	1.000	1.000

由表 4-4 的计算结果，可以得到有序度的折线图，如图 4-2 所示。

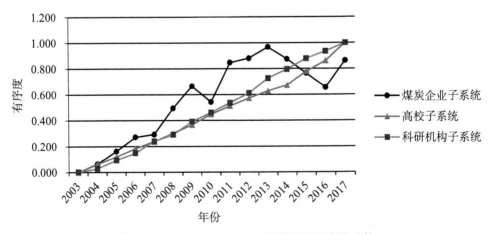

图 4-2　2003—2017 年三大子系统有序度变化趋势

观察图 4-2 可知，在 2003—2014 年，煤炭企业子系统的有序度整体高于高校和科研机构子系统的有序度；在 2015—2017 年，煤炭企业子系统的有序度低于高校和科研机构子系统的有序度。由各子系统有序度的变化趋势来看，高校与科研机构子系统的有序度在 2003 年至 2017 年均不断上升，处于有序发展状态，表明这两个系统从有序程度低向有序程度高转变，2017 年达到最高。其中，科研机构子系统的有序度呈现持续、稳定增长趋势，有序度较好；相对而言，高校子系统的有序度也逐渐增加，但呈现微小的波动态势；而煤炭企业子系统的有序度存在波动，从 2003 年开始持续上升至 2009 年，之后第一次出现短暂下降，2010 年达到一个谷底，2011 年开始继续上升，直至 2013 年达到一个峰值后再次下降，说明煤炭企业子系统从 2013 年开始内部各要素之间的协同创新能力在持续下降，之后在 2017 年出现再次回升。

4.4.2　协同度的计算与结果分析

根据式（4-6）、式（4-7）和式（4-9）可得到煤炭企业、高校和科研机构两两子系统之间以及系统整体的协同度，结果如表 4-5 所示。整体来看，除了部分年份出现波动外，两两子系统之间以及系统整体的协同度呈现上升趋势，表明其协同创新水平在 14 年间发展良好；而且，2004—2014 年煤炭企业与高校子系统、煤炭企业与科研机构子系统的协同度高于高校与科研机构子系统的协同度，而 2015—2017 年高校与科研机构子系统的协同度均高于煤炭企业与高校子系统、煤炭企业与科研机构子系统的协同度。

表 4-5 2004—2017 年煤炭企业产学研系统的协同度

年份	煤炭企业 与高校子系统	煤炭企业 与科研机构子系统	高校与 科研机构子系统	煤炭企业产学研 系统整体
2004	0.062	0.041	0.040	0.047
2005	0.139	0.122	0.104	0.121
2006	0.223	0.199	0.164	0.194
2007	0.263	0.264	0.238	0.255
2008	0.385	0.377	0.294	0.349
2009	0.494	0.509	0.378	0.456
2010	0.493	0.499	0.454	0.482
2011	0.659	0.673	0.523	0.614
2012	0.710	0.733	0.590	0.674
2013	0.780	0.837	0.675	0.761
2014	0.766	0.832	0.730	0.775
2015	0.771	0.819	0.826	0.805
2016	0.751	0.782	0.897	0.807
2017	0.929	0.928	0.999	0.952

由表 4-5 的计算结果，可以得到协同度的折线图，如图 4-3 所示。

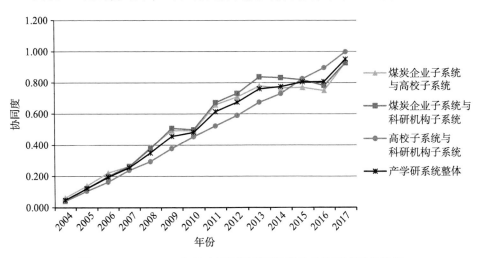

图 4-3 2004—2017 年三大子系统及系统整体的协同度变化趋势

从各子系统之间协同度的变化趋势来看，高校与科研机构子系统协同度在逐年递增，由 2004 年的 0.040 增加到 2017 年的 0.999，表明这两个子系统之间的协同效应越来越强，主要由其有序度持续上升所造成，说明两子系统内部各要素之间联系紧密，两子系统相互之间促进效果比较明显。然而，煤炭企业与高校子系统、煤炭企业与科研机构子系统的协同度整体呈现上升趋势，但存在短暂波动，除 2010 年、2014 年和 2016 年煤炭企业与高校子系统协同度以及 2010 年和 2014—2016 年煤炭企业与科研机构子系统协同度略有下降外，其余年份均呈现上升趋势，说明在发展过程中，煤炭企业与高校和科研机构两两子系统之间协同状况不稳定，可能原因是中国大力发展清洁能源，煤炭企业的发展受到一定影响，尤其是 2012 年下半年开始煤炭行业发展不景气，使煤炭企业的人力和资金投入及其相应产出不足，造成资源配置不合理和创新动力不强等问题，煤炭企业与高校和科研机构两两子系统的协同受到了一定的影响。

此外，系统整体的协同创新程度持续提升，表现为系统整体协同度呈现持续上升的变化趋势。尽管在 2010—2016 年，煤炭企业与高校子系统以及煤炭企业与科研机构子系统的协同度均有所波动，但高校与科研机构子系统协同度持续上升，且上升程度大于下降程度，因此，系统整体协同度仍然有所上升。2017 年，由于两两子系统之间的协同度均再次回升，系统整体协同度呈现更快速的增长。

4.5   本章小结

本章以煤炭企业产学研协同创新系统为研究对象，构建煤炭企业、高校和科研机构三大子系统的评价指标体系，采用 2003—2017 年的数据，运用复合系统协同度模型计算三大子系统的有序度，并测算了煤炭企业产学研创新系统的协同度。研究结果表明，煤炭企业产学研系统的协同创新程度呈现不同的变化趋势，具体而言，产学研系统整体以及高校与科研机构子系统之间的协同度逐渐提高，其协同创新程度呈现逐渐增加的趋势；而煤炭企业与高校子系统以及煤炭企业与科研机构子系统的协同度整体呈现为上升趋势，但存在波动现象，其协同创新程度也呈现波动上升态势。

第5章 煤炭企业产学研协同创新的影响因素

5.1 研究思路

随着协同创新成为中国创新体系的重要组成部分，产学研合作逐渐深化并迈入产学研协同创新的阶段（姜彤彤，吴修国，2017）。不论是产学研合作还是产学研协同，都有一些因素对其产生影响。现有文献已从多个角度对产学研协同创新的影响因素展开了研究，如吴卫红等（2018c）综合内部因素（内部监督机制和利益分配机制）和外部环境因素（用户参与和政府行为）探究产学研协同创新动态演化路径；罗琳等（2017）构建了产学研协同创新的知识协同影响因素理论模型，发现组织之间的协同意愿、知识异质性以及组织知识能力等因素能够影响产学研的知识协同。可见，这些研究中缺乏聚焦于煤炭企业对产学研协同创新影响因素的探索。

资源基础理论涉及企业的资源禀赋和配置问题，秉持一种"由内而外"（inside-out）的观点（Sharma，Erramilli，2004），认为企业可以利用内部资源应对外部环境变化。资源基础理论认为，企业是由相互联系的异质性资源以及资源转移活动所构成（Barney，1991）。企业内部的异质性资源决定了企业竞争力的差异，也是决定企业战略和绩效的关键因素。一般而言，企业的资源和能力会对产学研协同创新产生影响，如企业规模（姚潇颖，卫平，2017）、企业的R&D能力和企业家精神（黄菁菁，2017）等。企业资源包括有形和无形资源（Sharma，Erramilli，2004）。煤炭企业人员素质作为一种重要的无形资源，也会对产学研协同创新产生影响。由此，本书选取了煤炭企业吸收能力、煤炭企业家精神、煤炭企业人员素质和煤炭企业规模这4个影响因素，将其归纳为内部因素。

产业组织理论主要关注企业所处的外部市场环境对企业的影响（Porter，1980）。与资源基础理论的观点相反，产业组织理论秉持一种"由外而内"（outside-in）的观点（Sharma，Erramilli，2004），认为外部市场或产业环境会对企业产生某种影响，企业必须采取应对策略（Conner，1991）。产学研系统的外部因素主要体现在国家和政府方面，如政府对企业的资助程度，包括政策和资金两方面的支持（肖丁丁，朱桂龙，2013）以及地区经济发展水平（姜彤彤，吴修国，2017）等。因此，本书选取政府对煤炭企业的资助力度和经济发展水平这两个影响因素，将其归纳为外部因素。

综上，本章从煤炭企业出发，依据资源基础理论和产业组织理论，选择煤炭企业吸收能力、煤炭企业家精神、煤炭企业人员素质、煤炭企业规模、政府对煤炭企业的资助力度和经济发展水平6个影响因素，利用多元线性回归方法探究这些因素对煤炭企业产学研协同创新的影响。煤炭企业产学研协同创新影响因素的研究思路如图 5-1 所示。

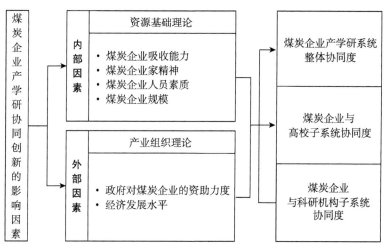

图 5-1　本章研究思路

5.2　研究假设

吸收能力是指企业识别、消化和应用新知识的能力（Cohen，Levinthal，1990）。依据樊霞等（2012）的观点，合作性研究和非正式联系是煤炭企业与大学、科研机构进行产学研合作互动的重要形式，但企业能否有效利用产学研合作的成果，以及实现产学研合作与企业内部研发的互动，则依赖于煤炭企业自身的吸收能力。一些研究结果表明，吸收能力对创新有着重要影响。钱锡红等（2010）以深圳 IC 类企业为样本，发现企业间吸收能力水平的不同是导致创新绩效差异的直接原因之一；秦剑（2012）通过在华跨国公司的相关研究发现了吸收能力能够正向影响突破性创新；根据曹达华等（2012）的观点，吸收能力正向影响企业的创新绩效，同时还会调节产学研合作的效率；陈光华等（2014a）研究发现，企业吸收能力对产学研产品创新和过程创新均具有显著的正向影响。企业在创新过程中的科技实力之一就体现在企业吸收能力上，企业吸收能力强，科技成果转化率就高，从而产学研协同创新效率就会提升（董锋等，2018）。

就煤炭企业而言，具备了较强的吸收能力，煤炭企业就能够快速识别和把握更多机会，快速占有有利资源；同时与高校和科研机构展开更多研发合作，确保技术、知识等资源获取的合法性和有效性，其获取的外部资源在自身吸收能力的作用下，能够助力于其与学研方的协同创新，提升协同创新程度。可见，煤炭企业吸收能力在产学研协同创新系统中发挥了重要作用。据此，本书提出以下假设：

H1a：煤炭企业吸收能力对煤炭企业产学研协同创新有正向影响；

H1b：煤炭企业吸收能力对煤炭企业与高校子系统协同创新有正向影响；

H1c：煤炭企业吸收能力对煤炭企业与科研机构子系统协同创新有正向影响。

"企业家精神"是企业家特殊技能（包括精神和技巧）的集合，具有创新性、成功欲、冒险精神和强烈的事业心等特征（黄菁菁，袁毅军，2014），其不仅是一个国家或地区经济发展的重要内生动力，也是该国或地区产业持续技术创新和驱动高质量发展的重要源泉（张旻等，2019）。原长弘和张树满（2019）提出，企业家在以企业为主体的产学研协同创新中发挥着主导作用。依据戴勇等（2010）的观点，企业家精神在推动企业研发、协调产学合作关系中发挥关键作用。对于产学研合作，企业家精神体现在与高校、科研机构或其他企业共同研发、风险共担的合作过程中，涉及联盟中合作伙伴选择、共同战略制定和共性技术分享等多个方面（肖丁丁，朱桂龙，2013），对产学研合作研发起到引导、促进和资源整合作用，有助于产学研合作研发绩效的提高（黄菁菁，袁毅军，2014）。产学研协同创新中，企业家能洞察市场需求和科学新发现的价值（原长弘，张树满，2019），企业家的组织与协调有助于产学研各创新主体间的互动和交互（洪银兴，2012），推动了企业创新活动。黄菁菁（2017）认为，企业家精神对产学研协同创新有重要作用，能够增加企业技术创新积极性。肖丁丁和朱桂龙（2013）研究发现，企业家精神推动了本土企业能力结构的变革，从而对产学研合作效率提升有显著的正向影响。

同样，在煤炭企业产学研合作中，企业家是产学、产研和产学研联结关系的有力协调者、沟通者。煤炭企业家精神在促进企业自身创新发展的同时，也能够有效促进煤炭企业与学研方的互动、交流与合作，推动煤炭企业产学研的协同创新。可见，煤炭企业家精神有助于产学研协同创新的发展。鉴于此，本书提出以下假设：

H2a：煤炭企业家精神对煤炭企业产学研协同创新有正向影响；

H2b：煤炭企业家精神对煤炭企业与高校子系统协同创新有正向影响；

H2c：煤炭企业家精神对煤炭企业与科研机构子系统协同创新有正向影响。

高水平的人力资本（人员的综合素质和工作态度）对产学研协同创新中心的运转起到直接的推动作用（张娟，2017），而员工通过企业培训能够增强个人综合素质，提升知识水平和能力。黄菁菁（2017）的研究证实了这一点，即企业对员工的培训力度能够显著增强产学研协同创新效率。祝爱民等（2019）认为，决策人员素质、科研人员素质和执行人员素质均影响产学研合作系统和谐性。高素质的员工能够对重要知识、先进技术等关键资源进行快速的消化吸收和转化利用，创新能力也会得到相应的开发和提升，因此，他们能够在产学研协同创新活动中发挥关键作用，效率也会大大提高。正如胡刃锋（2015）所言，"知识员工"通过对显性知识的长期学习内化形成个体隐性知识，增强其个人经验、领悟能力，从而为产学研协同创新活动提供更多的知识基础。

从煤炭企业出发，依据经曼（2016）的观点，煤炭企业内部成员间的联结性、协调和组织力等，关系到协同创新活动的顺利开展。煤炭企业员工素质结构的优化、创新能力的提升不仅有利于增强煤炭企业的技术创新能力，而且有利于其与学研方的技术对接，促进产学研协同创新（于洋，2013），因此，员工的优化配置和员工能力的培育尤为重要。可见，煤炭企业内部人员的综合素质和个人能力在煤炭企业与学研方协同创新活动中发挥了一定作用。煤炭企业内部人员能够通过产学研平台在协同创新活动中发挥所长，实现自身价值，提升产学研系统整体以及各子系统间的协同创新程度。据此，本书提出以下假设：

H3a：煤炭企业人员素质对煤炭企业产学研协同创新有正向影响；

H3b：煤炭企业人员素质对煤炭企业与高校子系统协同创新有正向影响；

H3c：煤炭企业人员素质对煤炭企业与科研机构子系统协同创新有正向影响。

姚潇颖和卫平（2017）认为，企业规模在一定程度上反映了企业的生产和研发能力、抗风险能力及信息获取能力等，这些能力均会影响产学研的合作效率。规模效应有助于提升企业的研发效率（Chen et al.，2004），因此，一些企业通过多种方式扩大经营规模，追求规模效应，进一步提升研发能力，达到绩效目标。相对而言，大型企业更倾向于采用知识转移和研究支持的合作模式来加强企业在非核心技术方面的技能和知识（樊霞等，2012）。规模大的企业拥有更多优势，相对来说，小企业在资金、人才和技术等关键资源方面则受到一定程度的限制（Santoro，Chakrabarti，2002）。Oerlemans 等（2013）认为，大企业拥有更多有利于提高产学研协同创新效率的资源，如充足的研发资金、先进的研发设备和完善的管理系统等。可见，大企业在产学研合作创新中可以有更多人、财、物的投入，有助于推动产学研协同创新的发展。

煤炭企业规模越大，在人才、资金等各方面越有优势，越能给产学研协同过程提供多方面支持，并有助于其在成本分摊方面提高产学研协同创新过程中的投入回报。因此，煤炭企业规模在一定程度上决定了其与学研方的协同创新产出。可见，煤炭企业规模越大，产学研系统整体以及煤炭企业与学研方的协同创新程度也会越高。据此，本书提出以下假设：

H4a：煤炭企业规模对煤炭企业产学研协同创新有正向影响；

H4b：煤炭企业规模对煤炭企业与高校子系统协同创新有正向影响；

H4c：煤炭企业规模对煤炭企业与科研机构子系统协同创新有正向影响。

政府是协同创新中不可忽视的重要力量（吴卫红等，2018c），在产学研协同中起着直接和间接的作用，直接作用体现在政府为产学研的协同过程提供研发资助和各方面支持；间接作用体现在搭建产学研合作平台和营造良好的创新环境，以及通过对企业和学研方提供资助进而推动主体间的产学研合作等。吴卫红等（2018c）提到，在政府支持下协同创新主体合作意愿显著提升，且相比于学研机构，政府支持对企业的影响更为明显，因此，政府应给予企业一定的政策倾斜。政府偏向于资助创新能力较强、合作项目较多的企业，以便在企业与其他主体的合作中更好地发挥支持作用，从而提高产学研合作成功的概率。同时，政府作为一种非市场的力量，在企业的技术创新中具有关键作用，政府可以对"市场失灵"进行弥补，对企业技术创新行为加以引导（樊霞等，2012），使其能够在产学研活动中发挥引领作用，促进协同创新。而且政府的引导及其所提供的公共服务能降低产学研合作的交易成本（易秋平等，2017），其资金支持能够激励产学研主体参与到协同创新过程中，并能促进产学研协同创新平台的构建，从而有效提升产学研协同创新程度和效率（白俊红，卞元超，2015）。

在煤炭企业产学研协同创新中，煤炭企业也需要政府部门给予支持。政府部门为煤炭企业提供的支持和资助，有助于煤炭企业通过项目合作、人才交流等方式，加强与学研方的沟通，促进合作成果的推出；有助于煤炭企业与学研方协同创新活动的开展，进而推动煤炭企业产学研系统整体的协同创新。因此，本书提出以下假设：

H5a：政府对煤炭企业的资助力度对煤炭企业产学研协同创新有正向影响；

H5b：政府对煤炭企业的资助力度对煤炭企业与高校子系统协同创新有正向影响；

H5c：政府对煤炭企业的资助力度对煤炭企业与科研机构子系统协同创新有正向影响。

经济因素作为反映国家宏观经济环境的指标，深刻影响着产学研各主体的发展和协同创新活动（吴卫红等，2018b）。一般来说，经济发展水平高的区域更容易吸引优秀人才的集聚（夏宗洋等，2018），这一观点也印证了姜彤彤和吴修国（2017）的发现，即在中国经济发达地区，由于研发人员的创新水平较高，资金投入较为充足，产学研合作的机会和条件远超过经济落后地区。经济发展水平的提升会带动科技创新体制的改革，并促进建立高水平的科技创新人才和团队培养体系，从而对产学研三大主体的协同创新作出贡献，促进产学研的深度融合。姚云浩和高启杰（2014）对地区 GDP 增长率与区域产学研合作效率的关系进行了验证，发现二者呈现显著正相关关系，他们认为地区 GPD 增长率越高，在一定程度上意味着当地经济形势较好，区域经济生产力增长较快，不仅能够为区域产学研合作创造良好的物质基础，也能提高区域内企业和其他机构的发展信心，营造良好的产学研合作环境。吴卫红等（2018b）的研究表明，宏观经济环境对政府产学研资协同创新有促进作用，且这种促进作用不断加大，因此，协同创新主体要重视经济环境变化，依托良好的经济环境积极开展协同创新活动；同时，让协同创新带动经济环境发展，形成宏观经济与协同创新相互拉动的良性循环。

经济环境扮演了"摇篮"的角色，为煤炭企业产学研协同创新提供了平台和基础，提供了更多的协同创新机会。经济发展水平高时，有利于煤炭行业的发展。煤炭企业不仅可以谋划自身的创新发展，也可以布局与学研方的创新活动。煤炭企业与学研方的合作与交流会更加密切，有助于推动三大主体协同创新顺利进行。鉴于此，本书提出以下假设：

H6a：经济发展水平对煤炭企业产学研协同创新有正向影响；

H6b：经济发展水平对煤炭企业与高校子系统协同创新有正向影响；

H6c：经济发展水平对煤炭企业与科研机构子系统协同创新有正向影响。

5.3　研究设计

5.3.1　变量测量

依据资源基础理论和产业组织理论，本书将煤炭企业产学研协同创新的影响因素分为两类，即内部因素和外部因素。

1. 内部因素

内部因素包括煤炭企业吸收能力、煤炭企业家精神、煤炭企业人员素质和煤炭企业规模。考虑到数据的可得性，本书确定了这几个因素的测量指标。具体来说，用煤炭企业研发投入强度表示煤炭企业吸收能力（樊霞等，2012），用煤炭企业与科研机构的合作 R&D 课题数表示煤炭企业家精神，用煤炭企业年度销售收入衡量煤炭企业规模（黄菁菁，2017；肖丁丁，朱桂龙，2013），用煤炭企业中研究人员所占比重表示煤炭企业人员素质（黄菁菁，2017）。

2. 外部因素

外部因素包括政府对煤炭企业的资助力度和经济发展水平。其中，政府对煤炭企业的资助力度用煤炭企业研发活动经费来自政府资金数表示（姜彤彤，吴修国，2017；姚潇颖，卫平，2017），用全国人均 GDP 衡量经济发展水平（姜彤彤，吴修国，2017），并且以 1978 年为基期计算定基指数。

各影响因素及其测量指标如表 5-1 所示。

表 5-1　煤炭企业产学研协同创新的影响因素及测量指标

类别	影响因素	测量指标
内部因素	煤炭企业吸收能力	煤炭企业研发投入强度（100%）
	煤炭企业家精神	与科研机构的合作 R&D 课题数（项）
	煤炭企业人员素质	煤炭企业中研究人员所占比重（100%）
	煤炭企业规模	煤炭企业年度销售收入（万元）
外部因素	政府对煤炭企业的资助力度	煤炭企业研发活动经费中政府资金数（万元）
	经济发展水平	人均 GDP（元）

5.3.2　数据来源与预处理

2004—2017 年煤炭企业、高校、科研机构三大主体的相关数据均来源于对应年份的《中国科技统计年鉴》《中国统计年鉴》《高等学校科技统计资料汇编》和中国科技统计网发布的"中国科技统计数据"（2005—2018）。

由于本书研究的是煤炭企业，考虑到指标的合理性和数据的可获取性，本书选择规模以上工业企业或大中型工业企业中的煤炭开采和洗选业这一分类下的数据。

由于获取的样本数据之间差异较大，为了保证合理的检验误差，对各个因素进行归一化处理，计算公式如下：

$$x'_{ij} = \frac{x_{ij} - \beta_j}{\alpha_j - \beta_j} \tag{5-1}$$

其中，$2004 \leqslant i \leqslant 2017$，$i \in N$；$1 \leqslant j \leqslant 4$，$j \in N$；$\beta_j \leqslant x_{(i,j)} \leqslant \alpha_j$；$x_{(i,j)}$ 为原始数据；α_j，β_j 分别为每组数据的最大值和最小值。

此外，为避免多重共线性问题的发生，对所有影响因素均采取了中心化处理。

5.4 假设检验与分析

5.4.1 描述性统计分析

表 5-2 为各因素的描述性统计分析。由表 5-2 可知，在 2004—2017 年，因变量煤炭企业产学研系统整体协同度的均值为 0.513，标准差为 0.289，最大值和最小值分别为 0.952 和 0.046。煤炭企业与高校子系统协同度的均值为 0.530，标准差为 0.276，最大值和最小值分别为 0.929 和 0.062。煤炭企业与科研机构子系统协同度的均值为 0.544，标准差为 0.299，最大值和最小值分别为 0.928 和 0.041。各影响因素中，煤炭企业吸收能力的均值和标准差分别为 0.501 和 0.320，最大值和最小值分别为 0.008 和 0.004；煤炭企业家精神的均值和标准差分别为 32.714 和 5.090，最大值和最小值分别为 41.000 和 25.000；煤炭企业人员素质的均值和标准差分别为 0.498 和 0.345，最大值和最小值分别为 0.748 和 0.325；煤炭企业规模的均值和标准差分别为 2.022×10^8 和 1.038×10^8，最大值 3.405×10^8，最小值为 4.158×10^7；政府对煤炭企业资助力度的均值和标准差分别为 2.333×10^4 和 6.919×10^3，最大值为 3.591×10^4；最小值为 1.238×10^4；经济发展水平的均值和标准差分别为 1.560×10^3 和 5.160×10^2，最大值为 2.392×10^3，最小值为 8.034×10^2。

表 5-2　描述性统计分析

变量	均值	标准差	最大值	最小值
产学研系统整体协同度（OCD）	0.513	0.289	0.952	0.046
煤炭企业与高校子系统协同度（CUCD）	0.530	0.276	0.929	0.062
煤炭企业与科研机构子系统协同度（CRCD）	0.544	0.299	0.928	0.041
煤炭企业吸收能力（CAC）	0.501	0.320	0.008	0.004
煤炭企业家精神（CES）	32.714	5.090	41.000	25.000
煤炭企业人员素质（CPQ）	0.498	0.345	0.748	0.325
煤炭企业规模（SCE）	2.022×10^8	1.038×10^8	3.405×10^8	4.158×10^7
政府对煤炭企业的资助力度（CGF）	2.333×10^4	6.919×10^3	3.591×10^4	1.238×10^4
经济发展水平（EDL）	1.560×10^3	5.160×10^2	2.392×10^3	8.034×10^2

5.4.2　回归分析

本书采用多元线性回归方法，将因变量产学研系统整体协同度、煤炭企业与高校子系统协同度、煤炭企业与科研机构子系统协同度以及自变量煤炭企业吸收能力、煤炭企业家精神、煤炭企业人员素质、煤炭企业规模、经济发展水平、政府对煤炭企业的资助力度输入 Stata 软件对 6 个假设进行检验。式（5-2）、式（5-3）和式（5-4）分别表示 6 个因素影响产学研系统整体协同度、煤炭企业与高校子系统协同度、煤炭企业与科研机构子系统协同度的回归方程。

$$OCD=\lambda_0+\lambda_1 CAC+\lambda_2 CES+\lambda_3 CPQ+\lambda_4 SCE+\lambda_5 CGF+\lambda_6 EDL+\varepsilon_1 \tag{5-2}$$

$$CUCD=\alpha_0+\alpha_1 CAC+\alpha_2 CES+\alpha_3 CPQ+\alpha_4 SCE+\alpha_5 CGF+\alpha_6 EDL+\varepsilon_2 \tag{5-3}$$

$$CRCD=\beta_0+\beta_1 CAC+\beta_2 CES+\beta_3 CPQ+\beta_4 SCE+\beta_5 CGF+\beta_6 EDL+\varepsilon_3 \tag{5-4}$$

其中，λ_1 至 λ_6、α_1 至 α_6、β_1 至 β_6 为各影响因素的系数；λ_0、α_0、β_0 为常数项；ε_1 至 ε_3 为残差项。

多元线性回归结果如表 5-3 所示。结果显示，模型整体显著，调整后的拟合优度最小为 99.4%，说明模型拟合程度非常好。综合观察 3 个模型的回归结果可得，煤炭企业吸收能力、煤炭企业家精神、煤炭企业人员素质、煤炭企业规模和经济发展水平这 5 个因素在 3 个模型中均显著，而政府资助力度仅在模型 2 和模型 3 中显著。

表 5-3 回归结果

变量	模型 1 因变量：OCD	模型 2 因变量：CUCD	模型 3 因变量：CRCD
C	0.513***	0.530***	0.544***
CAC	−0.057*	−0.111**	−0.086**
CES	−0.062***	−0.083***	−0.108***
CPQ	−0.087*	−0.156**	−0.106**
SCE	0.117***	0.173***	0.228***
CGF	0.033	0.059*	0.037*
EDL	0.638***	0.432***	0.501***
F 值	778.802***	350.828***	895.068***
R^2	0.999	0.997	0.999
Adj. R^2	0.997	0.994	0.998

注：*** 表示 $p < 0.01$，** 表示 $p < 0.05$，* 表示 $p < 0.1$。

具体而言，从基于资源基础理论的内部因素来看，煤炭企业吸收能力的回归系数显著，分别为 −0.057、−0.111 和 −0.086，说明煤炭企业吸收能力对产学研系统整体协同度、煤炭企业与高校子系统协同度以及煤炭企业与科研机构子系统协同度有负向影响,假设 H1a、H1b 和 H1c 得到反向验证。可能的原因是煤炭企业吸收能力的提升使得煤炭企业更加倾向于内部工作效率提高和绩效增长,使得其与学研方合作的重心有所转移,因此,抑制了产学研之间的协同创新。煤炭企业家精神的回归系数均在 1% 的显著性水平上反向显著,分别为 −0.062、−0.083 和 −0.108,说明煤炭企业家精神对产学研系统整体协同度、煤炭企业与高校子系统协同度以及煤炭企业与科研机构子系统协同度呈现负向影响,假设 H2a、H2b 和 H2c 得到反向验证。可能的原因是煤炭企业家的管理理念、专业知识和技能主要从煤炭企业自身出发,在一定程度上与产学研协同的实际情况不匹配,他们提出的战略和相应策略更多地关注内部,可能会对煤炭企业产学研的协同创新起反作用。煤炭企业人员素质的回归系数反向显著,分别为 −0.087、−0.156 和 −0.106,表明煤炭企业人员素质的提升对产学研系统整体协同度、煤炭企业与高校子系统协同度以及煤炭企业与科研机构子系统协同度呈现反向作用,假设 H3a、H3b 和 H3c 得到反向验证。可能是因为煤炭企业人员素质的提升使得煤炭企业更加专注于自身的发展,注重加强自身的各方面能力,从而使得其与学研方合作的积极性不高,不利于产学研之间的协同创新。煤炭企业吸收能力、煤炭企业家精神与煤炭企业人员素质均对产学研系统整体及两两子系统的协同度呈现负向影响,可见,煤炭企业内部因素的提升可能使其更倾向于利用自身优势和资源展开创新活动,而减少与外部学研方的合作,存在"内部强,则协同弱"的现象,表明企业内部强时,过于关注自身单打独斗,往往忽略与外界合作,由此对产学研协同创新产生不利影响。而在内部因素中,煤炭企业规模的回归系数均在 1% 的显著性水平下表现为正向显著,分别为 0.117、0.173 和 0.228，表明煤炭企业规模对产学研系统整体协同度、煤炭企业与高校子系统协同度以及煤炭企业与科研机构子系统协同度呈现显著正向影响，假设 H4a、H4b 和 H4c 得到验证。

从基于产业组织理论的外部因素来看，模型 1 中的政府对煤炭企业的资助力度回归系数不显著（$\lambda_5 = 0.033$，$p > 0.1$），说明政府的资金支持对产学研系统整体协同度的影响效果不明显，假设 H5a 未得到支持。但在模型 2 和模型 3 中，政府对煤炭企业的资助力度回归系数均显著为正（$\alpha_5 = 0.059$，$\beta_5 = 0.037$，$p < 0.1$），表明政府对煤炭企业的资助力度能够正向影响煤炭企业与高校子系统协同度以及煤炭企业与科研机构子系统协同度。这可能是因为政府的资金支持在不同年份存在波动，分别在 2009—2011 年、2012—2014 年和 2015—2017 年出现三个时段的增长，在 2011 年和 2014 年后均出现下降❶，而产学研系统整体协同度呈现为逐年上升的趋势，煤炭企业的资助力度对系统整体协同创新的有效影响缺乏一致性，不能显著提升产学研系统整体的协同创新；但煤炭企业与高校子系统、煤炭企业与科研机构子系统的协同度存在波动，在 2010 年和 2014 年出现了微小的下降，恰好契合了政府资助力度的波动趋势，因此，政府对煤炭企业的资助力度对煤炭企业与高校以及煤炭企业与科研机构的协同创新呈现出积极影响。经济发展水平的回归系数在 3 个模型中均正向显著（$\lambda_6 = 0.638$，$\alpha_6 = 0.432$，$\beta_6 = 0.501$，$p < 0.01$），说明经济发展水平对煤炭企业产学研系统整体协同度、煤炭企业与高校和科研机构子系统协同度均存在积极影响，验证了

---

❶ 政府对煤炭企业的资助力度数据：2009 年为 14570 万元，2010 年为 21526 万元，2011 年为 30778 万元，2012 年为 18593 万元，2013 年为 21169 万元，2014 年为 24248 万元，2015 年为 17166 万元，2016 年为 27309 万元，2017 年为 30503 万元。

假设 H6a、H6b 和 H6c。

综上所述，研究假设的检验结果如表 5-4 所示。

表 5-4　研究假设检验结果

研究假设	检验结果
H1a：煤炭企业吸收能力对煤炭企业产学研协同创新有正向影响	反向显著
H1b：煤炭企业吸收能力对煤炭企业与高校子系统协同创新有正向影响	反向显著
H1c：煤炭企业吸收能力对煤炭企业与科研机构子系统协同创新有正向影响	反向显著
H2a：煤炭企业家精神对煤炭企业产学研协同创新有正向影响	反向显著
H2b：煤炭企业家精神对煤炭企业与高校子系统协同创新有正向影响	反向显著
H2c：煤炭企业家精神对煤炭企业与科研机构子系统协同创新有正向影响	反向显著
H3a：煤炭企业人员素质对煤炭企业产学研协同创新有正向影响	反向显著
H3b：煤炭企业人员素质对煤炭企业与高校子系统协同创新有正向影响	反向显著
H3c：煤炭企业人员素质对煤炭企业与科研机构子系统协同创新有正向影响	反向显著
H4a：煤炭企业规模对煤炭企业产学研协同创新有正向影响	显著
H4b：煤炭企业规模对煤炭企业与高校子系统协同创新有正向影响	显著
H4c：煤炭企业规模对煤炭企业与科研机构子系统协同创新有正向影响	显著
H5a：政府对煤炭企业的资助力度对煤炭企业产学研协同创新有正向影响	不显著
H5b：政府对煤炭企业的资助力度对煤炭企业与高校子系统协同创新有正向影响	显著
H5c：政府对煤炭企业的资助力度对煤炭企业与科研机构子系统协同创新有正向影响	显著
H6a：经济发展水平对煤炭企业产学研协同创新有正向影响	显著
H6b：经济发展水平对煤炭企业与高校子系统协同创新有正向影响	显著
H6c：经济发展水平对煤炭企业与科研机构子系统协同创新有正向影响	显著

5.5　本章小结

就 2003—2017 年煤炭企业、高校和科研机构三大主体的数据，本章在利用复合系统协同度模型测算煤炭企业产学研协同创新程度的基础上，依据资源基础理论和产业组织理论提出了煤炭企业产学研协同创新的影响因素，并采用多元线性回归方法进行了验证。研究结果表明：首先，内部因素中，煤炭企业吸收能力、煤炭企业家精神和煤炭企业人员素质对产学研系统整体、煤炭企业与高校子系统、煤炭企业与科研机构子系统的协同创新均有负向影响；而煤炭企业规模有利于产学研系统整体、煤炭企业与高校子系统、煤炭企业与科研机构子系统的协同创新。其次，外部因素中，政府对煤炭企业资助力度不能有效促进产学研系统整体协同创新的提升，而对煤炭企业与高校子系统、煤炭企业与科研机构子系统的协同创新呈现积极影响；经济发展水平对煤炭企业产学研系统整体、煤炭企业与高校子系统、煤炭企业与科研机构子系统的协同创新均有显著的正向影响。

第6章 煤炭企业产学研协同创新与技术创新质量的关系

6.1 研究思路

中国经济正处于转型发展的重要时期,逐渐由高速增长转变为高质量发展,而创新是实现经济高质量发展的关键所在。党的十九大报告指出,创新是引领发展的第一动力,是建设现代化经济体系的战略支撑。目前学者们已从创新的多个视角出发探究了其与产学研的关系,其中多针对国家创新(丁厚德,1998)以及区域创新效率(邵桂波,2018)、区域创新绩效(蒋伏心等,2015)、区域创新产出(原毅军,黄菁菁,2016)等创新结果指标。

依据俞立平等(2019)的观点,创新不仅包括创新数量,而且包括创新质量,前者用来衡量创新规模,而后者则用来衡量创新水平。一般而言,创新驱动发展战略和知识经济革新带来了新的发展契机,创新质量问题成为落实创新驱动发展的关键一环（侯建，陈恒，2016）。创新质量体现了创新与企业、产业或区域发展的适应性程度（姜博等，2019），包括创新过程、产出和经济效益（Haner，2002），涉及制度和技术创新等方面。其中，技术创新质量是衡量技术创新活动效果的重要指标（陈宇科，刘蓝天，2019）。依据金培振等（2019）的观点，创新质量提升体现在能否实现实质性创新、可持续性创新和协同创新。可见，作为协同创新的重要形式，产学研协同创新也会对技术创新质量提升产生影响。

然而，目前仅有李扬等（2017）从基于科学的产业和基于技术的产业两种类型出发，对两类产业的产学研合作关系强度和创新质量进行了差异和时间演化分析，仍然缺乏对产学研协同创新与技术创新质量关系的研究，即探究各主体间的协同创新程度对技术创新质量的影响，其中，更缺乏聚焦于煤炭企业建立产学研协同创新系统展开的探讨。灰色关联分析法是根据因素之间的关联度判断被评价对象与最佳标准接近的程度，进而得出各因素之间的关系密切程度，而现有文献同样缺乏采用这一方法展开的研究。

鉴于此，本章收集2004—2017年煤炭企业、高校、科研机构以及技术创新质量的相关数据，建立煤炭企业产学研协同创新与技术创新质量的灰色关联分析模型。首先，确定变量测量指标和数据来源；其次，明晰灰色关联分析法的原理和计算过程；最后，采用灰色关联分析法探究煤炭企业产学研协同创新与技术创新质量的关系紧密程度，明晰产学研系统整体以及各两两子系统之间协同创新对技术创新质量的影响。煤炭企业产学研协同创新与技术创新质量关系的研究思路如图6-1所示。

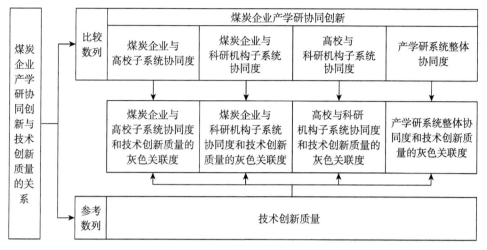

图 6-1　本章研究思路

6.2　研究设计

6.2.1　变量测量与数据来源

一般来说，技术创新质量涉及企业层面和宏观层面（景维民，宫东真，2020）。就宏观层面而言，许倩倩（2012）采用技术市场成交额衡量了（地区）技术创新；张欣炜和林娟（2015）也指出，技术市场成交额逐渐成为衡量区域技术创新最终产出的重要指标。可见，技术市场成交额越高，技术创新产出越多，表明技术创新质量也越高。由此，本书选取这一指标，通过计算人均技术市场成交额衡量国家层面的技术创新质量。产学研系统整体和两两子系统之间的协同创新采用第 4 章所测算的协同度进行衡量。

产学研协同创新系统中，煤炭企业、高校和科研机构相关指标的具体数据均来源于《中国科技统计年鉴》（2005—2018），并选择规模以上工业企业或大中型工业企业中煤炭开采和洗选业作为煤炭企业的数据。技术市场成交额来源于《中国科技统计年鉴》（2005—2018），人口数据来源于《中国统计年鉴》（2005—2018）。为消除价格因素带来的偏误，首先以 2004 年为基期，选取 GDP 作为技术市场成交额的平减指数，随后除以人口总数，得到不同年份的人均技术市场成交额。对技术市场成交额进行平减处理的指数皆来源于国家统计局网站。

6.2.2　研究方法与分析步骤

1. 研究方法

荣梅（2011）指出，灰色关联分析的基本思想是根据数列曲线几何形状的近似程度判断联系程度，曲线形状越接近，数列之间的关联度越大；反之，则越小。具体而言，灰色关联分析是通过求出参考数列与各比较数列之间的灰色关联度判断比较数列与参考数列的关系密切程度。一般而言，与参考数列关联度越大的比较数列，其与参考数列之间的关系就越密切。

灰色关联分析法是灰色系统理论的具体应用，它根据因素之间的相似程度得出因素之间存在的关联度，根据关联度去发现被评价对象与最佳标准接近的程度（熊梦莹，2014）。灰色关联分析是对一个系统发展变化态势的定量描述和比较，样本量大小对结果影响不大，且分析结果与其他定性方法评价结果一般相同，所以该方法具有广泛的适用性（熊梦莹，2014）。灰色关联分析法对样本量的多少和样本有无规律都适用，计算量小，十分方便，不会出现量化结果与定性分析结果不符的情况。

对于煤炭企业产学研协同创新系统而言，系统整体和两两子系统之间的协同创新与技术创新质量之间的关系描述的是一种发展变化态势，需要通过量化分析进行刻画。而且，由于本研究的样本量较小，适合采用灰色关联分析法探究产学研协同创新系统和技术创新质量之间的关系。

2. 分析步骤

一般来说，灰色关联分析法可以分为 7 步进行。

（1）建立评价矩阵。

设研究对象有 m 个，研究对象集为 $M = (M_1, M_2, \cdots, M_m)$；评价指标有 n 个，评价指标集为 $N = (N_1, N_2, \cdots, N_n)$，研究对象 M_i 对应的 N_j 的值记为 X_{ij}，形成评价矩阵 X 如下所示：

$$X = \left(X_{ij}\right)_{m \times n} = \begin{bmatrix} & N_1 & N_2 & \cdots & N_n \\ M_1 & x_{11} & x_{12} & \cdots & x_{1n} \\ M_2 & x_{21} & x_{22} & \cdots & x_{2n} \\ \vdots & \vdots & \vdots & \ddots & \vdots \\ M_m & x_{m1} & x_{m2} & \cdots & x_{mn} \end{bmatrix} \quad (6\text{-}1)$$

（2）确定参考数列和比较数列。

比较数列是指影响系统行为的因素组成的数据序列，它是用每个被评价对象的评价指标取值进行构建的；参考数列是从评价指标的各个取值中选择最优值进行构建的（熊梦莹，2014）。

（3）无量纲化处理。

为了消除指标数据的衡量差异，需要对数据进行无量纲化处理，方便各个指标比较分析。

（4）计算差序列、最大值和最小值。

经过无量纲化的参考数列与比较数列对应 k 点（$k = 1, 2, \cdots, n$）的绝对差值构成差序列，首先求出各个差序列内的最大差和最小差，然后确定差序列间的最大差和最小差，即两级最大差和最小差。计算公式分别如下所示：

$$差序列为 \ \Delta_{0i}(k) = \left| X'_0(k) - X'_i(k) \right| \quad (k = 1, 2, \cdots, n) \quad (6\text{-}2)$$

$$最大差为 \ M = \max_i \max_k \left| X_0(k) - X_i(k) \right| \quad (6\text{-}3)$$

$$最小差为 \ m = \min_i \min_k \left| X_0(k) - X_i(k) \right| \quad (6\text{-}4)$$

（5）计算灰色关联系数。

关联系数衡量的是在不同时间点参考数列和比较数列之间的几何距离，其取值可以从指标上反映出两数列之间的关联程度。关联系数的公式如下：

$$
\begin{aligned}
\zeta_{0i} &= \frac{m + \rho M}{\Delta_{0i}(k) + \rho M} \\
&= \frac{\min_i \min_k \left| X_0(k) - X_i(k) \right| + \rho \max_i \max_k \left| X_0(k) - X_i(k) \right|}{\left| X_0 - X_i \right| + \rho \max_i \max_k \left| X_0(k) - X_i(k) \right|}
\end{aligned}
\quad (6\text{-}5)
$$

其中，$\rho \in (0, 1)$，为分辨率系数，一般取 0.5。

（6）计算综合灰色关联度。

灰色关联度就是通过计算关联系数进一步求得的值，可以从整体上反映两数列之间的关系。

（7）比较与排列关联度。

按照灰色关联度值的大小进行排序，灰色关联度值越大，则关系相对越密切，反之则相对越不密切。

6.3　灰色关联结果分析

按照灰色关联分析法的常用步骤，煤炭企业产学研系统整体与两两子系统之间协同度与技术创新质量的关系密切程度计算过程如下。

（1）建立矩阵。

煤炭企业产学研系统包含 1 个总系统和 3 个子系统，可以将总系统以及两两子系统之间的协同度作为评价指标，共计 4 个指标；包含 2004—2017 年共 14 年的所有数据，即 14 个被评价对象，由此组成数据矩阵 A_{ij}，具体如下所示。

$$A_{ij} = \begin{bmatrix} A_{11} & A_{12} & A_{13} & A_{14} \\ A_{21} & A_{22} & A_{23} & A_{24} \\ A_{31} & A_{32} & A_{33} & A_{34} \\ A_{41} & A_{42} & A_{43} & A_{44} \\ A_{51} & A_{52} & A_{53} & A_{54} \\ A_{61} & A_{62} & A_{63} & A_{64} \\ A_{71} & A_{72} & A_{73} & A_{74} \\ A_{81} & A_{82} & A_{83} & A_{84} \\ A_{91} & A_{92} & A_{93} & A_{94} \\ A_{10,1} & A_{10,2} & A_{10,3} & A_{10,4} \\ A_{11,1} & A_{11,2} & A_{11,3} & A_{11,4} \\ A_{12,1} & A_{12,2} & A_{12,3} & A_{12,4} \\ A_{13,1} & A_{13,2} & A_{13,3} & A_{13,4} \\ A_{14,1} & A_{14,2} & A_{14,3} & A_{14,4} \end{bmatrix} \quad (6\text{-}6)$$

（2）确定参考数列和比较数列。

本书以技术创新质量作为参考序列 A_0，煤炭企业与高校子系统、煤炭企业与科研机构子系统、高校与科研机构子系统、产学研系统整体的协同度序列作为比较序列，分别用 A_1、A_2、A_3 和 A_4 表示。灰色关联分析的数列如图 6-2 所示。

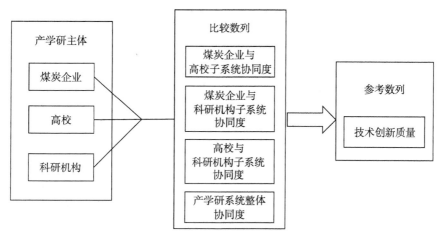

图 6-2　煤炭企业产学研协同创新与技术创新质量灰色关联分析的数列

（3）对数据进行无量纲化处理。

本书使用"均值－标准差"方法对煤炭企业产学研协同创新程度与技术创新质量的相关数据进行无量纲化处理。各数据无量纲化处理后的结果如表 6-1 所示。

表 6-1　无量纲化后的参考数列与比较数列的数据表

年份	A_0：技术创新质量	A_1：煤炭企业与高校子系统协同度	A_2：煤炭企业与科研机构子系统协同度	A_3：高校与科研机构子系统协同度	A_4：产学研系统整体协同度
2004	0.000	−1.672	−1.683	−1.463	−1.615
2005	0.019	−1.401	−1.413	−1.259	−1.365
2006	0.037	−1.107	−1.153	−1.071	−1.120
2007	0.074	−0.967	−0.937	−0.837	−0.915
2008	0.124	−0.537	−0.559	−0.657	−0.595

年份	A_0：技术创新质量	A_1：煤炭企业与高校子系统协同度	A_2：煤炭企业与科研机构子系统协同度	A_3：高校与科研机构子系统协同度	A_4：产学研系统整体协同度
2009	0.147	−0.150	−0.118	−0.389	−0.233
2010	0.250	−0.147	−0.149	−0.143	−0.143
2011	0.332	0.441	0.432	0.081	0.308
2012	0.539	0.629	0.631	0.300	0.516
2013	0.613	0.883	0.981	0.575	0.812
2014	0.686	0.838	0.965	0.755	0.863
2015	0.766	0.859	0.919	1.066	0.966
2016	0.869	0.827	0.796	1.339	1.003
2017	1.000	1.503	1.287	1.702	1.518

（4）计算差序列、最大差和最小差。

对表 6-1 的数据采用如下的公式进行计算，可以求出差序列以及最大差和最小差。

$$差序列 \quad \Delta_{0i}(k) = \left| A_0'(k) - A_i'(k) \right| \quad (k = 1, 2, \cdots, n) \quad （6\text{-}7）$$

$$最大差 \quad M = \max_i \max_k \left| A_0(k) - A_i(k) \right| \quad （6\text{-}8）$$

$$最小差 \quad m = \min_i \min_k \left| A_0(k) - A_i(k) \right| \quad （6\text{-}9）$$

计算结果如表 6-2 所示。

表 6-2　差序列、最大差和最小差计算结果

年份	A_0-A_1	A_0-A_2	A_0-A_3	A_0-A_4
2004	1.672	1.683	1.463	1.615
2005	1.420	1.432	1.278	1.384
2006	1.144	1.190	1.108	1.157
2007	1.040	1.011	0.911	0.989
2008	0.661	0.683	0.780	0.718
2009	0.297	0.265	0.536	0.380
2010	0.397	0.399	0.392	0.393
2011	0.109	0.100	0.251	0.024
2012	0.090	0.092	0.238	0.023
2013	0.270	0.368	0.038	0.199
2014	0.152	0.280	0.069	0.177
2015	0.092	0.153	0.299	0.199
2016	0.042	0.073	0.470	0.134
2017	0.503	0.287	0.702	0.518
max	1.672	1.683	1.463	1.615
min	0.042	0.073	0.038	0.023
最大差 M	1.683			
最小差 m	0.023			

（5）计算灰色关联系数。

关联系数 $\zeta(X_i)$ 的公式如下：

$$\zeta_{0i} = \frac{m + \rho M}{\varDelta_{0i}(k) + \rho M} \tag{6-10}$$

（6）计算灰色关联度。

灰色关联度的计算公式如下：

$$r_i = \frac{1}{n} \sum_{k=1}^{n} \zeta_i(k) \qquad （6\text{-}11）$$

灰色关联系数和灰色关联度的计算结果如表 6-3 所示。

表 6-3　灰色关联系数和灰色关联度的计算结果

年份	煤炭企业与 高校子系统协同度 和技术创新质量	煤炭企业与 科研机构子系统 协同度和 技术创新质量	高校与 科研机构子系统 协同度和 技术创新质量	系统整体协同度 和技术创新质量
2004	0.344	0.342	0.375	0.352
2005	0.382	0.380	0.408	0.388
2006	0.435	0.425	0.443	0.433
2007	0.459	0.467	0.493	0.472
2008	0.575	0.567	0.533	0.554
2009	0.759	0.781	0.627	0.708
2010	0.698	0.697	0.701	0.700
2011	0.909	0.918	0.791	0.999
2012	0.928	0.926	0.800	1.000
2013	0.778	0.715	0.982	0.831
2014	0.870	0.771	0.949	0.849
2015	0.926	0.869	0.758	0.830
2016	0.979	0.945	0.659	0.886
2017	0.643	0.766	0.560	0.636
关联度	0.692	0.684	0.649	0.688

（7）比较与排序。

根据灰色关联度的大小可以确定参考数列与比较数列的关联程度。技术创新质量和煤炭企业产学研协同创新的灰色关联度计算结果如图 6-3 所示。

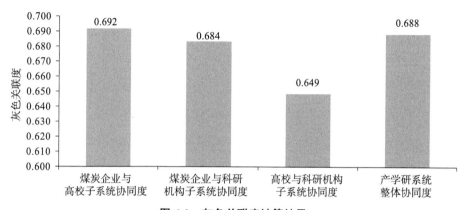

图 6-3　灰色关联度计算结果

一般认为，关联度越接近 1，关联程度越大，当 ρ 取 0.5 时，关联度大于 0.6 即认为关联性显著（邓聚龙，2002）。由图 6-3 可知，煤炭企业与高校协同创新和技术创新质量的关联度为 0.692，煤炭企业与科研机构协同创新和技术创新质量的关联度为 0.684，高校与科研机构协同创新和技术创新质量的关联度 0.649，煤炭企业产学研系统整体协同创新和技术创新质量的关联度为 0.688。这 4 个灰色关联度都大于 0.6，表明关联性都是显著的，说明煤炭企业无论是产学研两两主体间的协同创新，还是产学研系统整体协同创新都与技术创新质量之间的关系密切，都能显著影响技术创新质量的提升。

对关联度排序可知，煤炭企业与高校协同创新和技术创新质量的关联度 >

煤炭企业产学研系统整体协同创新和技术创新质量的关联度＞煤炭企业与科研机构协同创新和技术创新质量的关联度＞高校与科研机构协同创新和技术创新质量的关联度。可见，煤炭企业与高校协同创新和技术创新质量的关联度最大，煤炭企业产学研系统整体协同创新、煤炭企业与科研机构协同创新均和技术创新质量的关联度较大。这说明在煤炭产学研协同创新发展过程中，需要加深煤炭企业与高校的协同创新，积极发挥其对技术创新质量提升的关键作用。此外，煤炭企业与科研机构间的协同创新活动也应以更高效合理的形式进行，以期实现双方合作共赢。同时，产学研协同创新系统整体应该明确合作目标，实现更高层次的合作，提高三大主体间的协同创新程度。相对而言，高校与科研机构协同创新和技术创新质量的关联度偏低，需要提高学研方协同创新和技术创新质量的关联度，以有效促进学研方协同创新对技术创新质量的影响。

6.4　本章小结

在构建复合系统协同度模型测度煤炭企业产学研协同创新的基础上，本章运用灰色关联分析法计算了煤炭企业产学研系统整体以及两两子系统之间协同创新和技术创新质量的关联程度，从而探究了煤炭企业产学研协同创新和技术创新质量的关系。研究结果表明，产学研系统整体、两两子系统之间协同创新和技术创新质量的关系密切；煤炭企业与高校子系统协同创新和技术创新质量的关联度最大，产学研系统整体协同创新、煤炭企业与科研机构子系统协同创新、高校与科研机构子系统协同创新和技术创新质量的关联度依次降低。

第 7 章　结论与建议

7.1　结 论

本书就 2003—2017 年的相关数据，以煤炭企业产学研为研究对象，在从三大子系统的投入、产出两方面构建指标体系的基础上，运用复合系统协同度模型对煤炭企业产学研协同创新进行了测度，通过多元线性回归方法探究了煤炭企业产学研协同创新的影响因素，并采用灰色关联分析法考察了煤炭企业产学研协同创新与技术创新质量的关联程度，主要得出 3 个方面的结论。

首先，根据"三螺旋"理论，本书明晰了煤炭企业产学研协同创新系统，构建了煤炭企业产学研协同创新指标体系，通过测算煤炭企业产学研协同创新程度可知，煤炭企业产学研创新系统整体协同度以及两两子系统之间的协同度呈现不同的变化趋势。具体而言，2004—2017 年，产学研系统整体、高校与科研机构子系统的协同度逐渐增高，其协同创新程度呈现逐渐增加的趋势。2010

年、2014 年和 2016 年煤炭企业与高校子系统协同度以及 2010 年和 2014—2016 年煤炭企业与科研机构子系统协同度略有下降，其余年份均上升，表明其协同度存在波动现象，但整体表现为上升趋势，其协同创新程度也相应呈现波动上升态势。

其次，依据资源基础理论和产业组织理论，本书明晰了煤炭企业产学研协同创新的 6 个影响因素。研究发现，内部因素和外部因素对产学研系统整体、煤炭企业与高校子系统、煤炭企业与科研机构子系统的协同创新存在差异化影响。具体而言，内部因素中，煤炭企业吸收能力、煤炭企业家精神、煤炭企业人员素质对产学研系统整体、煤炭企业与高校子系统、煤炭企业与科研机构子系统的协同创新均存在抑制作用，即"内部强，则协同弱"；而煤炭企业规模可以显著促进产学研系统整体、煤炭企业与高校子系统、煤炭企业与科研机构子系统协同创新的提升。在外部因素中，政府对煤炭企业的资助力度对系统整体和两两子系统之间协同创新的影响存在差异，其不能有效促进产学研系统整体协同创新的提升，但对煤炭企业与高校、煤炭企业与科研机构的协同创新呈现积极影响，能够有效促进其协同创新发展；经济发展水平对煤炭企业产学研系统整体、煤炭企业与高校子系统、煤炭企业与科研机构子系统的协同创新均有显著正向影响。

最后，基于灰色系统理论，本书构建了煤炭企业产学研协同创新与技术创新质量的灰色关联分析模型，明晰了二者的关联程度。研究结果表明，煤炭企业产学研系统整体以及两两子系统之间的协同创新均和技术创新质量的关系密切，煤炭企业产学研协同创新能够有效促进技术创新质量的提升，从整体上推动创新发展。具体而言，煤炭企业与高校子系统协同创新和技术创新质量的关联度最高，其余依次是煤炭企业产学研系统整体协同创新和技术创新质量的关联度、煤炭企业与科研机构子系统协同创新和技术创新质量的关联度，以及高校与科研机构子系统协同创新和技术创新质量的关联度。

7.2 建议

（1）加强煤炭企业、高校和科研机构三大主体之间的协同创新。

产学研的协同创新发展离不开各主体的共同协作，合作共赢。煤炭企业的协同创新要以产学研三大主体为主要依托，加强煤炭企业、高校与科研机构之间的合作和交流，构建以煤炭企业为主体的产学研协同创新系统。

第一，从投入产出视角出发，促进煤炭企业、高校和科研机构三大主体的协同创新。煤炭企业产学研协同创新离不开各主体的有效投入和产出。从投入指标来看，煤炭企业、高校和科研机构应提高 R&D 人员全时当量和 R&D 经费内部支出，并有效地在同一主体以及不同主体之间合理配置人员和财务，提高研发能力，促进成果转化。从产出指标来看，需要促进三大主体高效产出，提高产出投入比。具体而言，提高煤炭企业的成果产出，如提升新产品销售收入以及专利申请数量；提高高校与科研机构的科技成果产出，如提升专利申请和授权数量，提高科研能力，促进学术论文的发表。通过统筹规划各大主体的投入和产出，促进各子系统（煤炭企业与高校子系统、煤炭企业与科研机构子系统和高校与科研机构子系统）以及产学研系统整体的协同创新。

第二，从协同度变化趋势出发，稳步提升煤炭企业、高校与科研机构三大主体的协同创新。结合煤炭企业产学研协同创新的变化趋势来看，煤炭企业需要进一步完善自身发展过程中的不足，根据实际情况不断调整内部协同创新战略和策略，与高校和科研机构进行全方位的匹配和协调，避免煤炭企业与高校子系统以及煤炭企业与科研机构子系统之间的波动，稳定促进两两子系统的协同发展。高校和科研机构也应发挥各自优势，克服自身不足，积极开展协同创新活动，在合作中扬长避短，保持二者之间协同度逐渐增加的态势。煤炭企业、高校与科研机构三大主体需要在系统内部创造有利于协同创新的氛围，加强沟通与合作，稳定提升整体的协同创新。

（2）厘清影响因素，促进煤炭企业产学研协同创新。

煤炭企业产学研的协同创新发展应从内部因素和外部因素两个方面着手，在政策指导下积极进行改革，营造和谐的协同创新环境，提升煤炭企业、高校和科研机构三大主体的协同创新程度。

第一，煤炭企业需要权衡吸收能力、企业家精神和人员素质对产学研协同创新产生的影响，在保持企业内部能力、人力水平的基础上，避免煤炭企业聚焦内部的"锁定效应"，以开放姿态尽可能与学研方开展合作创新活动，促进内部创新和外部协同的均衡发展。具体而言，煤炭企业在培养自身吸收能力时，应完善自身的技术创新体系，力争建设成为学习型和创新型的企业，有针对性地从高校和科研机构吸收技术、知识，构建有利于协同创新的平台和互动机制，以促进煤炭企业与高校和科研机构的协同创新。同时，煤炭企业一方面应加强内部人才培养工作，吸引科研人员参与项目，注重培养本土企业家的创新潜质，完善培训机制和学习机制，提升企业人员素质；另一方面企业家在制定企业经营战略和策略匹配于企业自身发展状况，有效配备高素质人员时，应放开眼光，合理规划产学研协同创新活动。

第二，煤炭企业应充分把握自身规模对产学研协同创新的积极作用，维持自身可持续发展并合理扩大规模。从不同规模的煤炭企业来看，中小型煤炭企业应合理扩大自身规模，提高自身对煤炭相关技术的转化与创造能力、生产研发能力和抗风险能力，完善自身创新体系；大型企业应不断完善自身体制机制，在可持续发展理念下，与产学研协同创新的各主体建立合作关系，使企业自身优势能够为产学研协同创新活动提供支持。

第三，政府相关部门应重视对煤炭企业的支持。日本的产学官合作模式充分说明了政府在产学研活动中的重要推动作用。政府应在政策和资金等方面给予煤炭企业持续稳定的支持，避免出现波动，并不断加大对煤炭企业的资助力度；转变对煤炭企业的资助和支持形式，实现一次性资金支持和完善产学研联盟平台建设、系统提升创新能力、优化创新要素等方面的连续资助相结合；加强对煤炭市场的分析，促进煤炭企业新产品的开发和销售；建立科学、优质的服务体系，为煤炭企业产学研合作提供快捷的服务，推动煤炭企业的创新发展。同时，政府需要做好引导和协调，创造有利于煤炭企业、高校和科研机构协同创新的政策环境；推动组建煤炭企业产学研合作创新联盟，协调解决煤炭企业产学研协同创新中出现的问题，出台相关的优惠政策和实施细则，给予三大子系统恰当的支持，提升产学研协同创新程度。

第四，把握经济发展水平为煤炭企业产学研协同创新带来的机会，扩大协同效应。经济水平的不断提高为煤炭企业产学研工作提供了强大的后盾，经济水平的快速发展促进了国家创新机制的不断完善。国家在发展经济的同时，要关注煤炭这一重要能源行业，促进煤炭企业与高校、科研机构等主体的稳定发展；加大对煤炭企业、高校和科研机构等的创新资源投入，从人才、技术、资金、政策等各方面做好保障，从整体上提高三大主体合作效率，提升其协同创新能力。

（3）通过产学研协同创新，提高技术创新质量。

产学研协同创新与技术创新质量的关系十分密切，二者的发展相辅相成，技术创新质量的提升离不开产学研各主体的协同创新，可以从两个方面做出努力。

第一，提高煤炭企业、高校和科研机构两两子系统之间的协同创新程度，提升技术创新质量。煤炭企业产学研协同创新的发展，可以借鉴美、英、德三国经验，积极促进各主体间的资源共享，展开校企合作、校研合作以及企研合作等多种形式的产学研活动。首先，煤炭企业要积极与学研方开展合作，并不断学习和借鉴其他国家产学研活动的发展经验，构建以企业为主体的产学研协同创新系统；要结合自身产品特点和在市场中的定位，提出产品和技术需求，积极、主动与高校和科研机构结盟，深化与二者的合作；搭建产学研孵化平台，实现中国"企业孵化器"模式，不断建立和完善以煤炭企业为主体的"产学研研究中心"，促进煤炭企业快速成长。其次，高校与科研机构也需要加强与煤炭企业的合作，加强彼此之间的协同。高校和科研机构应尽可能把握煤炭企业的实际需求，开发有市场价值的相关产品，共同满足煤炭企业对技术和知识创新的需求。最后，高校和科研机构之间也需要加强彼此交流，进一步完善双方的合作机制，保证人才、知识、信息等的合理流动，在研发和人才培养等方面进行合作，提高成果转化率和应用效果，促进彼此的协同创新。

第二，促进煤炭企业产学研系统整体的协同创新，提高技术创新质量。三大主体应根据市场需求，制定有效措施应对多变的环境。具体来说，煤炭企业应努力消除自身发展的局限性，不断提高各项能力，积极参与三方协同活动，稳定推出更多的合作成果。高校应牢牢把握一流的科技创新人才优势，与煤炭企业合作建立实习和实训基地，创办属于中国的"沃里克大学"，为煤炭企业提供优秀人才，通过人才的流动加强彼此之间的协同互动；进一步加强共享平台建设，实现仪器和设备等资源的共享，以降低煤炭企业的资源投入费用，尽可能实现资源配置最优化。科研机构应聚焦于煤炭企业的关键技术，加强研发中心和示范基地等平台建设，有针对性地开展煤炭方面的技术、设备和机器等的研发和创新，为煤炭企业提供更多的技术支持和引导。此外，三大主体需要营造一个有利的环境，构建完善的协同创新机制。由此，提高煤炭企业产学研系统整体的协同创新，以提高技术创新质量。

7.3　不足与展望

本书的研究还存在一些不足之处，有待进一步展开探讨。

（1）对于煤炭企业产学研协同创新的影响因素，本书确定了 6 个关键因素。实际上，不仅仅局限于本书所讨论的内部因素的煤炭企业吸收能力、煤炭企业家精神、煤炭企业人员素质和煤炭企业规模以及外部因素的政府对煤炭企业的资助力度和经济发展水平，仍有一些其他因素，诸如不同主体之间的知识差距（Dettmann et al.，2015）和市场环境（王瑞鑫，李玲娟，2017）等，可能对煤炭企业产学研协同创新产生影响。为了完善煤炭企业产学研协同创新影响因素的相关研究，今后可将更多变量纳入框架，探究其对煤炭企业协同创新程度的作用机理与影响后果。

（2）本书采用了灰色关联度这一模糊评价方法，分析了煤炭企业产学研协同创新与技术创新质量的关联程度，未能深入探究煤炭企业产学研协同创新活动通过何种路径促进技术创新质量提升的问题。在今后的研究中，可以通过收集更为全面的数据，在煤炭企业产学研协同创新与技术创新质量关系中纳入相关因素，考察煤炭企业产学研协同创新影响技术创新质量的路径，揭示这一影响过程中的黑箱。

（3）本书主要基于宏观层面探究煤炭企业产学研协同创新问题。实际上，中国不同区域的发展往往存在差异。那么各区域的煤炭企业产学研协同创新程度是否不同，各区域煤炭企业产学研协同创新的影响因素是否存在差异，各区域煤炭企业产学研协同创新与区域技术创新质量的关系究竟存在怎样的差异都是需要关注的问题。今后可以落脚于每个区域展开研究，并进行对比分析，得出差异化的结果，提出更具区域特色的建议。

（4）本书主要采用二手数据展开研究，缺乏一手数据的验证。今后可以选取典型的煤炭企业，进行纵向的案例分析和跟踪，深入探究其与高校和科研机构等主体开展产学研协同创新活动的具体情况，从而获得更为详细的资料和数据，以得出更有针对性的结论和建议。

参考文献

白俊红，卞元超，2015. 政府支持是否促进了产学研协同创新 [J]. 统计研究，32（11）：43-50.

蔡平，2004. 经济发展与生态环境的协调发展研究 [D]. 乌鲁木齐：新疆大学 .

曹达华，朱桂龙，邓颖翔，2012. 吸收能力对产学研合作效率调节作用的实证研究 [J]. 科技管理研究，32（11）：9-12.

车维汉，张琳，2010. 上海市产学研合作效率评价——基于分行业数据的 DEA 分析 [J]. 科技进步与对策，27（3）：20-25.

陈光华，梁嘉明，杨国梁，2014. 企业吸收能力、政府研发资助与外部知识获取对产学研创新绩效的影响研究 [J]. 中国科技论坛，（7）：68-74.

陈光华，王建冬，杨国梁，2014. 产学研合作创新效率分析及其影响因素研究 [J]. 科学管理研究，32（2）：9-12.

陈红喜，2009. 基于三螺旋理论的政产学研合作模式与机制研究 [J]. 科技进步与对策，26（24）：6-8.

陈怀超，张晶，费玉婷，等，2018. 中部六省产学研创新效率对省域创新的影响——基于 Malmquist 指数与灰色关联度的分析 [J]. 科技进步与对策，35（20）：137-143.

陈佳明，2017. 政产学研协同创新运行机制研究 [D]. 南京：南京工业大学.

陈劲，阳银娟，2012. 协同创新的理论基础与内涵 [J]. 科学学研究，30（2）：161-164.

陈立泰，叶长华，2009. 重庆市产学研联盟发展的创新模式研究 [J]. 科技管理研究，29（6）：166-168，175.

陈盼盼，2017. 政策力度、政策工具组合与区域创新绩效 [D]. 杭州：浙江理工大学.

陈勇军，张飞涟，刘尚，2015. 基于随机前沿分析的产学研科技创新技术效率研究 [J]. 科技进步与对策，32（24）：21-24.

陈宇科，刘蓝天，2019. 环境规制强度、企业规模对技术创新质量的影响 [J]. 科技进步与对策，36（16）：84-90.

成洪波，2018. 粤港澳大湾区"产学融创"：内涵实质、需求背景与路径探索 [J]. 中国高教研究，（10）：36-41.

程玉春，夏志强，2003. 西方产业组织理论的演进及启示 [J]. 四川大学学报（哲学社会科学版），（1）：132-137.

仇冬芳，胡正平，2013. 我国省域产学研合作效率及效率持续性——基于省域面板数据和DEA-Malmquist 生产率指数法 [J]. 技术经济，32（12）：82-89.

戴勇，肖丁丁，锁颖馨，2010. 研发投入、企业家精神与产学研绩效的关系研究——以广东省部产学研合作企业为例 [J]. 科学学与科学技术管理，31（11）：136-142.

邓聚龙，2002. 灰理论基础 [M]. 武汉：华中科技大学出版社.

邓聚龙，1984. 社会经济灰色系统的理论与方法 [J]. 中国社会科学，（6）：47-60.

丁厚德，1998. 产学研合作是建设国家创新体系的基本国策 [J]. 清华大学学报（哲学社会科学版），13（3）：52-56.

董锋，树琳，李靖云，等，2018. 产学研协同创新效率及提升路径研究 [J]. 运筹与管理，27（10）：185-192.

杜传忠，宁朝山，2016. 网络经济条件下产业组织变革探析 [J]. 河北学刊，36（4）：135-139.

樊霞，赵丹萍，何悦，2012.企业产学研合作的创新效率及其影响因素研究 [J].科研管理，33（2）：33-39.

范德成，唐小旭，2009.我国各省市产学研结合技术创新的绩效评价 [J].科学学与科学技术管理，30（1）：66-70.

方炜，戴晟，程鹏枭，2019.产学研协同创新网络演化策略、驱动因素与创新绩效 [J].管理现代化，39（4）：54-58.

冯锋，李天放，2012.产学研两阶段 R&D 投入链视角下的中国区域经济增效实证研究 [J].管理学报，9（11）：1661-1666.

冯锋，李天放，2011.基于技术转移与产学研 R&D 投入双重影响的区域经济增效实证研究 [J].科学学与科学技术管理，32（6）：97-102，127.

冯海燕，2018.产学研合作的协同效应及路径优化研究 [D].北京：北京交通大学.

冯素玲，后小仙，2007.当代产业组织理论研究综述 [J].经济纵横，（14）：84-87.

韩素娟，2014.煤炭行业产学研协同创新网络研究 [D].北京：中国矿业大学.

何郁冰，2012.产学研协同创新的理论模式 [J].科学学研究，30（2）：165-174.

洪赫，2015.农林类高校产学研协同创新战略研究 [D].呼和浩特：内蒙古农业大学.

洪银兴，2012.科技创新中的企业家及其创新行为——兼论企业为主体的技术创新体系 [J].中国工业经济，（6）：83-93.

侯建，陈恒，2016.自主研发、技术转移方式与区域创新质量 [J].中国科技论坛，（11）：89-95.

胡大立，2003.应用灰色系统理论评价企业竞争力 [J].科技进步与对策，20（1）：159-161.

胡刃锋，2015.产学研协同创新隐性知识共享影响因素及运行机制研究 [D].长春：吉林大学.

黄纯纯，2018.产业组织理论的新挑战：网络外部性、有限理性与社会性 [J].教学与研究，（12）：80-86.

黄菁菁，2017.产学研协同创新效率及其影响因素研究 [J].软科学，31（5）：38-42.

黄菁菁，2016.产学研协同创新效率及其影响因素研究 [D].大连：大连理工大学.

黄菁菁，原毅军，2014. 产学研合作研发中企业家精神的价值 [J]. 科学学研究，32（6）：902-908.

黄胜杰，张毅，2002. 我国产学研合作的组织模式及其网络特性探析 [J]. 高等工程教育研究，（6）：30-33.

季佳玉，2008. 产学研合作的模式与机制研究 [D]. 大连：大连理工大学.

简洁，2016. 基于 DEA 模型的区域产学研协同创新绩效比较研究 [J]. 当代经济，（25）：119-121.

姜博，马胜利，王大超，2019. 中国高技术产业创新质量内涵与测度研究 [J]. 社会科学，（3）：64-75.

姜彤彤，2015. 省域范围内产学研协同创新效率评价及分析 [J]. 学术论坛，38（3）：168-172.

姜彤彤，吴修国，2017. 产学研协同创新效率评价及影响因素分析 [J]. 统计与决策，33（14）：72-75.

姜照华，李桂霞，1994. 产学研联合：科技向生产力的直接转化 [J]. 科学学研究，12（1）：68-73.

蒋伏心，华冬芳，胡潇，2015. 产学研协同创新对区域创新绩效影响研究 [J]. 江苏社会科学，（5）：64-72.

蒋兴华，张明，2012. 产学研战略联盟合作动机多理论视角研究及实证探讨 [J]. 科技管理研究，32（13）：10-14.

金芙蓉，罗守贵，2009. 产学研合作绩效评价指标体系研究 [J]. 科学管理研究，27（6）：43-46，68.

金培振，殷德生，金桩，2019. 城市异质性、制度供给与创新质量 [J]. 世界经济，42（11）：99-123.

经曼，2016. 煤炭行业高校产学研协同创新影响因素及实现路径研究 [D]. 北京：中国矿业大学.

景维民，宫东真，2020. 治理转型、对外技术依赖与技术创新质量——基于对企业全要素生产率的作用分析 [J]. 河北经贸大学学报，41（1）：17-27.

肯尼斯·W·克拉克森，罗杰·勒鲁瓦·米勒，1989. 产业组织：理论、证据和公共政策 [M]. 华东化工学院经济发展研究所译. 上海：上海三联书店.

孔祥浩，许赞，苏州，2012.政产学研协同创新"四轮驱动"结构与机制研究 [J].科技进步与对策，29（22）：15-18.

李成龙，秦泽峰，2011.产学研合作组织耦合互动对创新绩效影响的研究 [J].科学管理研究，29（2）：100-103.

李京晶，2013.产学研协同创新运行机制研究 [D].武汉：武汉理工大学.

李廉水，1998.论产学研合作创新的组织方式 [J].科研管理，19（1）：31-35.

李林，傅庆，2014.产学研主体创新效率对区域创新的影响研究 [J].科技进步与对策，31（5）：45-49.

李林，蒋东林，2013.云计算协同技术背景下产学研创新合作模式研究 [J].科技进步与对策，30（8）：32-35.

李梅芳，刘国新，刘璐，2012.企业与高校对产学研合作模式选择的比较研究 [J].科研管理，33（9）：154-160.

李明，李鹏，2017.产学研融合下的科技创新与经济发展 [J].财经问题研究，（1）：41- 47.

李明星，苏佳璐，胡成，等，2020.产学研合作创新绩效影响因素元分析研究 [J].科技进步与对策，37（6）：1-9.

李世超，苏竣，2006.大学变革的趋势——从研究型大学到创业型大学 [J].科学学研究，24（4）：552-558.

李新荣.基于集对分析的高校产学研合作项目绩效评价方法与模型研究 [J].科技管理研究，2013，33（2）：85-88.

李雪婷，顾新，2013.产学研协同创新的文化冲突研究 [J].科学管理研究，31（1）：5-8.

李焱焱，叶冰，杜鹃，等，2004.产学研合作模式分类及其选择思路 [J].科技进步与对策，21（10）：98-99.

李扬，樊霞，章熙春，2017.产业科学关联度视角下的产学研合作关系强度及创新质量研究 [J].科学学与科学技术管理，38（12）：12-25.

李泽民，2011. 发达国家产学研合作的现状与发展趋势分析 [J]. 技术与创新管理，32（3）：209-212.

李长萍，2017. 基于市场导向一体化平台的产学研协同创新模式研究 [D]. 北京：北京建筑大学.

李孜军，2003. 1992—2001 年我国灰色系统理论应用研究进展 [J]. 系统工程，21（5）：8-12.

梁耀明，张叶平，王浩，2014. 产学研合作绩效综合评价研究——基于广东省部院产学研合作项目的实证 [J]. 科技进步与对策，31（5）：118-122.

刘传江，李雪，2001. 西方产业组织理论的形成与发展 [J]. 经济评论，（6）：104-106，110.

刘春艳，陈媛媛，2018. 产学研协同创新团队知识转移的特征与内涵研究 [J]. 科技管理研究，38（1）：184-190.

刘春艳，王伟，2015. 产学研协同创新联盟知识转移的策略研究 [J]. 学习与探索，（3）：110-113.

刘丹，闫长乐，2013. 协同创新网络结构与机理研究 [J]. 管理世界，29（12）：1-4.

刘力，2005. 产学研合作的交易成本和动力机制——一种新制度经济学的分析 [J]. 当代教育论坛，（3）：15-17.

刘民婷，孙卫，2011. 基于 DEA 方法的产学研合作效率评价研究——以陕西省制造业为例 [J]. 科学学与科学技术管理，32（3）：11-15.

刘瑞，2017. 中国产学研协同创新政策分析与对策研究 [D]. 郑州：河南农业大学.

刘思峰，2003. 灰色系统理论的产生、发展及前沿动态 [J]. 浙江万里学院学报，16（4）：19-22.

刘思峰，杨英杰，吴利丰，2014. 灰色系统理论及其应用（第 7 版）[M]. 北京：科学出版社.

刘友金，易秋平，贺灵，2017. 产学研协同创新对地区创新绩效的影响——以长江经济带 11 省市为例 [J]. 经济地理，37（9）：1-10.

刘志华，李林，姜郁文，2014. 我国区域科技协同创新绩效评价模型及实证研究 [J]. 管理学报，11（6）：861-868.

刘志迎，谭敏，2012. 纵向视角下中国技术转移系统演变的协同度研究：基于复合系统协同度模型的测度 [J]. 科学学研究，30（4）：534-542，533.

柳岸，2011. 我国科技成果转化的三螺旋模式研究——以中国科学院为例 [J]. 科学学研究，29（8）：1129-1134.

罗洪云，林向义，王磊，2015. 产学研协同知识创新体系创新绩效评价研究 [J]. 现代情报，35（2）：8-11.

罗琳，魏奇锋，顾新，2017. 产学研协同创新的知识协同影响因素实证研究 [J]. 科学学研究，35（10）：1567-1577.

吕连菊，阚大学，2017. 产学研协同创新对经济增长影响的实证研究——以江西省为例 [J]. 科技管理研究，37（23）：130-135.

马家喜，仲伟俊，梅姝娥，等，2007. 突破性创新：一种"产学研"合作技术创新模式建模分析 [J]. 管理学报，4（4）：470-476.

马莹莹，朱桂龙，2011. 影响我国产学研合作创新绩效的行业特征 [J]. 科技管理研究，31（4）：98-100.

马永斌，王孙禺，2008. 大学、政府和企业三重螺旋模型探析 [J]. 高等工程教育研究，（5）：29-34.

麋志雄，张斌，2019. 产学研协同创新的现状、问题与对策 [J]. 宏观经济管理，（10）：46-51，58.

宁凌，张玉强，2008. 产学研合作的主导模式及其比较研究 [J]. 湖北社会科学，（1）：111-113.

潘锡杨，李建清，2014. 政产学研协同创新——区域创新发展的新范式 [J]. 科技管理研究，34（21）：70-75.

钱锡红，杨永福，徐万里，2010. 企业网络位置、吸收能力与创新绩效——一个交互效应模型 [J]. 管理世界，26（5）：118-129.

乔梅，张春颖，满媛媛，2010. 企业知识创新的 ESEK 协同激励研究 [J]. 科技进步与对策，27（14）：78-80.

秦剑，2012. 吸收能力、知识转移与跨国公司的突破性创新绩效 [J]. 财经科学，（11）：84-93.

秦玮，徐飞，2014. 产学研联盟动机、合作行为与联盟绩效 [J]. 科技管理研究，34（8）：107-111，116.

饶燕婷，2012."产学研"协同创新的内涵、要求与政策构想 [J]. 高教探索，（4）：29-32.

荣梅，2011. 基于灰色关联分析的山东省科技投入与服务业经济增长关系研究 [J]. 科技进步与对策，28（7）：57-60.

芮明杰，余东华，2006. 西方产业组织理论中技术创新思想的演进与发展 [J]. 研究与发展管理，18（4）：1-7，14.

邵桂波，2018. 政产学研协同对区域创新效率及其收敛性的影响分析 [D]. 南京：南京师范大学.

申绪湘，游俊，陈功锡，2012. 地方高校产学研合作创新发展研究与应用 [J]. 中国高等教育，（2）：59-60.

石火学，2000. 产学研结合的典型模式述评 [J]. 高等教育研究，21（3）：65-68.

宋彧，田亚飞，2016. 我国大型煤炭企业产学研合作创新问题的研究 [J]. 煤炭经济研究，36（12）：12-15.

孙善林，彭灿，2017. 产学研协同创新项目绩效评价指标体系研究 [J]. 科技管理研究，37（4）：89-95.

谭学瑞，邓聚龙，1995. 灰色关联分析：多因素统计分析新方法 [J]. 统计研究，12（3）：46-48.

唐阳，2012. 关于高校开展协同创新的思考 [J]. 中国高校科技，（7）：14-16.

田林丰，李豫新，2010. 我国西北地区产学研合作效率的 DEA 分析 [J]. 华北水利水电大学学报（社会科学版），26（1）：59-62.

万伦来，陶建国，2012. 煤炭资源开采环境污染物影子价格的估计——基于安徽煤炭企业的调查数据 [J]. 中国人口·资源与环境，22（8）：71-75.

王帮俊，吴艳芳，2018. 区域产学研协同创新绩效评价——基于因子分析的视角 [J]. 科技管理研究，38（1）：66-71.

王帮俊，周敏，吉峰，2015. 基于"三螺旋"理论模型的煤炭产学研协同创新网络平台研究 [J]. 中国矿业大学学报（社会科学版），17（2）：56-60.

王冲，2019. 基于灰色关联分析的高校科技人才流动影响因素及策略分析——以吉林省高校为例 [J]. 情报科学，37（5）：47-52.

王冬梅,王向宁,2019.基于灰色系统的行业特色高校科技分类评价探索 [J].科研管理,40（3）: 126-132.

王飞绒,吕海萍,龚建立,2003.政府在产学研联合中的影响分析——基于浙江省产学研调 查情况 [J].中国科技论坛,（3）: 65-69.

王革,吴练达,张亚辉,2004.企业战略管理理论演进与展望 [J].科学学与科学技术管理,25 （1）: 101-106.

王宏起,徐玉莲,2012.科技创新与科技金融协同度模型及其应用研究 [J].中国软科学,（6）: 129-138.

王进富,刘魁,2011.陕西省产学研结合技术创新绩效评价研究 [J].工业技术经济,30（12）: 49-54.

王鹏,张剑波,2013.外商直接投资、官产学研合作与区域创新产出——基于我国十三省市 面板数据的实证研究 [J].经济学家,（1）: 58-66.

王瑞鑫,李玲娟,2017.产学研协同创新的理论框架研究 [J].科学管理研究,35（5）: 17-21.

王文亮,肖美丹,吴静,等,2016.产学研协同创新生态机制影响因素研究 [J].技术经济与管 理研究,（3）: 34-38.

王秀丽,王利剑,2009.产学研合作创新效率的 DEA 评价 [J].统计与决策,25（3）: 54-56.

王毅,吴贵生,2001.产学研合作中粘滞知识的成因与转移机制研究 [J].科研管理,22（6）: 114-121.

王章豹,韩依洲,洪天求,2015.产学研协同创新组织模式及其优劣势分析 [J].科技进步与对 策,32（2）: 24-29.

魏春艳,李兆友,2020.基于三螺旋理论的产业共性技术创新研究 [J].东北大学学报（社会科 学版）,22（2）: 9-16.

魏守华,王英茹,汤丹宁,2013.产学研合作对中国高技术产业创新绩效的影响 [J].经济管理, 35（5）: 19-30.

吴洁，车晓静，盛永祥，等，2019. 基于三方演化博弈的政产学研协同创新机制研究 [J]. 中国管理科学，27（1）：162-173.

吴金南，刘林，2011. 国外企业资源基础理论研究综述 [J]. 安徽工业大学学报（社会科学版），28（6）：28-31.

吴俊，张家峰，黄东梅，2016. 产学研合作对战略性新兴产业创新绩效影响研究——来自江苏省企业层面的证据 [J]. 当代财经，（9）：99-109.

吴卫红，陈高翔，张爱美，2018a. "政产学研用资"多元主体协同创新三螺旋模式及机理 [J]. 中国科技论坛，（5）：1-10.

吴卫红，陈高翔，张爱美，2018b. 基于状态空间模型的政产学研资协同创新四螺旋影响因素实证研究 [J]. 科技进步与对策，35（14）：22-29.

吴卫红，丁章明，张爱美，等，2018c. 基于内外部影响因素的"产学研"协同创新动态演化路径研究 [J]. 情报杂志，37（9）：199-207.

吴友群，赵京波，王立勇，2014. 产学研合作的经济绩效研究及其解释 [J]. 科研管理，35（7）：147-153.

袭著燕，李星洲，迟考勋，2012. 金融介入的政产学研用技术协同创新模式构建研究 [J]. 科技进步与对策，29（22）：19-25.

夏宗洋，宋陈澄，杜俞霏，2018. 煤炭行业高校产学研协同创新影响因素分析 [J]. 煤炭经济研究，38（6）：46-52.

肖丁丁，朱桂龙，2013. 产学研合作创新效率及其影响因素的实证研究 [J]. 科研管理，34（1）：11-18.

肖丁丁，朱桂龙，戴勇，2011. R&D 投入与产学研绩效关系的实证研究 [J]. 管理学报，8（5）：706-712.

肖琳，徐升华，杨同华，2018. 企业协同创新理论框架及其知识互动影响因素述评 [J]. 科技管理研究，38（13）：32-42.

谢鸿全，周小波，高大海，2014. 高校在推进协同创新中的角色与功能——基于西南科技大学的思考 [J]. 高等教育研究，35（11）：43-46.

谢开勇，赵邦友，张礼达，等，2002. 论高校产学研及其运行机制 [J]. 科学学研究，20（4）：423-427.

谢科范，陈云，董芹芹，2008. 我国产学研结合传统模式与现代模式分析 [J]. 科学管理研究，26（1）：38-41.

熊梦莹，2014. 基于灰色关联分析法的我国上市保险公司财务竞争力评价研究 [D]. 重庆：西南财经大学.

徐浩鸣，徐建中，康姝丽，2003. 中国国有医药制造产业组织系统协同度模型及实证分析 [J]. 中国科技论坛，（1）：113-117，95.

徐继宁，2007. 国家创新体系：英国产学研制度创新 [J]. 高等工程教育研究，（2）：35-39，71.

徐盈之，金乃丽，2010. 高校官产学合作创新对区域经济增长影响的研究 [J]. 科研管理，31（1）：147-152，176.

许倩倩，2012. 研发投入和技术创新对经济增长的影响——基于中国 30 个地区的面板数据实证研究 [J]. 现代管理科学，（10）：76-78.

许长青，金梦，周丽萍，2019. 基于三螺旋模型的高校产学研协同创新对区域经济增长贡献的实证研究——以广东为中心的比较 [J]. 教育学术月刊，（5）：96-104.

严武，王辉，2012. 中国资本市场与产业结构升级关系的实证研究——基于协整检验和灰色关联分析法 [J]. 江西财经大学学报，（2）：17-25.

杨博旭，王玉荣，李兴光，2019. 多维邻近与合作创新 [J]. 科学学研究，37（1）：154-164.

杨晨露，2014. 构建以企业为主体的产学研协同创新模式研究 [D]. 南昌：江西师范大学.

杨晓娜，彭灿，杨红，等，2020. 江苏省产学研协同创新发展的动态模拟分析 [J]. 科技管理研究，40（1）：67-74.

姚潇颖，卫平，2017. 产学研合作创新效率、影响因素及时空差异 [J]. 中国科技论坛，（8）：43-51.

姚潇颖，卫平，李健，2017. 产学研合作模式及其影响因素的异质性研究——基于中国战略新兴产业的微观调查数据 [J]. 科研管理，38（8）：1-10.

姚云浩，高启杰，2014. 我国区域产学研合作效率评价——基于省际数据的 DEA-Tobit 分析 [J]. 科技和产业，14（1）：1-6，64.

叶佳，徐福缘，李佳，2013. 产学研合作效率评价研究——基于 DEA 分析方法 [J]. 技术经济与管理研究，（2）：21-24.

易秋平，刘友金，贺灵，2017. 产学研协同创新效率的时空演变及提升对策——基于空间杜宾模型的研究 [J]. 湖湘论坛，30（5）：91-101.

于海宇，2019. 构建政产学研协同科技创新体系的思考 [J]. 科学管理研究，37（4）：12-16.

于天琪，2019. 产学研协同创新模式研究——文献综述 [J]. 工业技术经济，38（7）：88-92.

于洋，2013. 煤炭企业技术创新影响要素及实现路径研究 [D]. 长春：吉林大学.

余孟辉，2014. 产学研合作与区域经济发展互动理论研究 [J]. 中国高校科技，（12）：50-51.

俞立平，戴化勇，蔡绍洪，2019. 创新数量、创新质量对外贸出口影响效应研究 [J]. 科研管理，40（10）：116-125.

原毅军，黄菁菁，2016. FDI、产学研合作与区域创新产出——基于互补性检验的实证研究 [J]. 研究与发展管理，28（6）：38-47.

原长弘，张树满，2019. 以企业为主体的产学研协同创新：管理框架构建 [J]. 科研管理，40（10）：184-192.

张爱琴，陈红，2009. 产学研知识创新网络的协同创新评价研究 [J]. 中北大学学报（社会科学版），25（4）：44-47.

张钢，陈劲，许庆瑞，1997. 技术、组织与文化的协同创新模式研究 [J]. 科学学研究，15（2）：56-61，112.

张海滨，2013. 高校产学研协同创新的影响因素及机制构建 [J]. 福州大学学报（哲学社会科学版），27（3）：104-107.

张娟，2017. 产学研协同创新中智力资本的转化路径 [J]. 科技管理研究，37（17）：174-178.

张俊霞，2015. 经济新常态下政产学研协同创新问题研究 [J]. 科技进步与对策，32（14）：27-30.

张米尔，武春友，2001. 产学研合作创新的交易费用 [J]. 科学学研究，19（1）：89-92.

张旻，刘新梅，王文斌，2019. 企业开放、企业家精神对高新技术产业创新效率影响的实证 [J]. 统计与决策，35（9）：182-185.

张欣炜，林娟，2015. 中国技术市场发展的空间格局及影响因素分析 [J]. 科学学研究，33（10）：1471-1478.

张秀峰，陈光华，杨国梁，等，2015. 企业所有权性质影响产学研合作创新绩效了吗？[J]. 科学学研究，33（6）：934-942.

张秀萍，黄晓颖，2013. 三螺旋理论：传统"产学研"理论的创新范式 [J]. 大连理工大学学报（社会科学版），34（4）：1-6.

张煊，孙跃，2014. 产学研合作网络的创新效率研究——来自中国省域产学研合作的数据证明 [J]. 山西财经大学学报，36（6）：59-66.

张艺，陈凯华，朱桂龙，2018. 产学研合作与后发国家创新主体能力演变——以中国高铁产业为例 [J]. 科学学研究，36（10）：1896-1913.

张艺，龙明莲，朱桂龙，2019. 科研团队视角下我国研究型大学参与产学研合作对学术绩效的影响 [J]. 科技进步与对策，36（1）：132-141.

张振海，陈红喜，2010. 江苏产学研合作模式选择研究 [J]. 江苏高教，（4）：48-50.

章熙春，蒋兴华，2013. 合作动机对产学研战略联盟建设绩效影响的研究 [J]. 中国科技论坛，（6）：45-51.

赵丹萍，2010. 广东省部产学研合作与区域创新体系的建设 [J]. 科技管理研究，30（22）：1-4.

赵东霞，郭书男，周维，2016. 国外大学科技园"官产学"协同创新模式比较研究——三螺旋理论的视角 [J]. 中国高教研究，（11）：89-94.

赵京波，2012. 我国产学研合作的经济绩效研究与模式、机制分析 [D]. 长春：吉林大学.

赵周华，王树进，2018. 人口老龄化与居民消费结构变动的灰色关联分析 [J]. 统计与决策，34（9）：108-111.

仲伟俊，梅姝娥，谢园园，2009. 产学研合作技术创新模式分析 [J]. 中国软科学，（8）：174-181.

周倩，胡志霞，石耀月，2019. 三螺旋理论视角下高校创新创业教育政策的演进与反思 [J]. 郑州大学学报（哲学社会科学版），52（6）：64-60，126.

周晓阳，王钰云，2014. 产学研协同创新绩效评价文献综述 [J]. 科技管理研究，34（11）：45-49.

周耀东，2002. 现代产业组织理论的沿革和发展 [J]. 经济评论，（4）：112-116.

周应堂，贾馥蔚，吕鸿江，2019. 基于递进时段灰色关联度分析的中国全球创新指数影响因素比较研究 [J]. 科技管理研究，（2）：1-7.

周正阳，2018. 产学研协同创新项目风险分担研究 [D]. 郑州：华北水利水电大学.

朱桂龙，彭有福，2003. 产学研协同创新网络组织模式及其运作机制研究 [J]. 软科学，17（4）：49-52.

朱焕，2004. 我国证券投资基金业的结构—行为—绩效（SCP）研究 [D]. 上海：复旦大学.

朱亮峰，2015. 煤炭企业经济效益与外部倒逼和内部资金运营的关系分析 [J]. 资源科学，37（12）：2414-2420.

朱平芳，徐伟民，2003. 政府的科技激励政策对大中型工业企业 R&D 投入及其专利产出的影响：上海市的实证研究 [J]. 经济研究，38（6）：45-53，94.

祝爱民，苏长利，于丽娟，等，2019. 产学研合作系统和谐性评价指标体系构建研究 [J]. 沈阳工业大学学报（社会科学版），12（3）：257-262.

AGRAWAL A K, 2001. University-to-Industry Knowledge Transfer: Literature Review and Unanswered Questions [J]. International Journal of Management Reviews, 3(4): 285-302.

ALBERT B E, LNES M S, DAVID P C, 2013. Research Output from University-Industry Collaborative Projects? [J]. Economic Development Quarterly, 27(1): 71-81.

ANKRAH S N, BURGESS T F, GRIMSHAW P, et al. 2013. Asking both University and Industry Actors about Their Engagement in Knowledge Transfer: What Single-group Studies of Motives Omit [J]. Technovation, 33(2-3): 50-65.

ANSOFF H I, 1965. Corporate Strategy [M]. New York: McGraw Hill.

ATLAN T, 1987. Bring Together Industry and University Engineering Schools in Getting More out of R&D and Technology [R]. Research Report.

BAIN J S, 1959. Industrial Organization [M]. New York: John Wiley.

BARNEY J B, 1996. The Resource-based Theory of the Firm [J]. Organization Science, 7(5): 469.

BARNEY J B, 1991. Firm Resources and Sustained Competitive Advantage [J]. Journal of Management, 17(1): 99-120.

BARNEY J B, 1986. Organizational Culture: Can It Be a Source of Sustained Competitive Advantage? [J]. Academy of Management Review, 11(3): 656-665.

BEKKERS R, FREITAS I M B, 2008. Analyzing Knowledge Transfer Channels between Universities and Industry: to What Degree Do Sectors Also Matter? [J]. Research Policy, 37(10): 1837-1853.

BONACCORSI A, PICCALUGA A, 1994. A Theoretical Framework for the Evaluation of University-Industry Relationships [J]. R&D Management, 24(3): 229-247.

BROSTROM A, 2012. Firms' Rationales for Interaction with Research Universities and the Principles for Public Co-funding [J]. Journal of Technology Transfer, 37(3): 313-329.

CALOGHIROU Y, TSAKANIKAS A, VONORTAS N S, 2001. University-Industry Cooperation in the Context of the European Framework Programmes [J]. The Journal of Technology Transfer, 26(1): 153-161.

CAO X, LI C Y, 2020. Evolutionary Game Simulation of Knowledge Transfer in Industry-University-Research Cooperative Innovation Network under Different Network Scales [J]. Scientific Reports, 10(1): 4027-4039.

CARAYANNIS E G, ALEXANDER J, IOANNIDIS A, 2000. Leveraging Knowledge, Learning, and Innovation in Forming Strategic Government-University-Industry (GUI) R&D Partnerships in the US, Germany, and France [J]. Technovation, 20(9): 477-488.

CHEN C T, CHEN C F, LIN M H, et al. 2004. Using DEA to Evaluate R&D Performance of the Computers and Peripherals Firms in Taiwan [J]. International Journal of Business, 9(4): 347-359.

COHEN W M, LEVINTHAL D A, 1990. Absorptive Capacity: A New Perspective on Learning and Innovation [J]. Administrative Science Quarterly, 35(1): 128-152.

COLLIS D J, MONTGOMERY C A, 1995. Competing on Resources: Strategy in the 1990s [J]. Harvard Business Review, 73(4): 118-128.

CONNER K R, 1991. A Historical Comparison of Resource-based Theory and Five Schools of Thought within Industrial Organization Economics: Do We Have a New Theory of the Firm? [J]. Journal of Management, 17(1): 121-154.

COWAN R, ZINOVYEVA N, 2013. University Effects on Regional Innovation [J]. Research Policy, 42(3): 788-800.

CRUZ-CÁZARES C, BAYONA-SÁEZ C, GARCÍA-MARCO T, 2013. You Can't Manage Right What You Can't Measure Well: Technological Innovation Efficiency [J]. Research Policy, 42(6-7): 1239-1250.

D'ESTE P, PATEl P, 2007. University-Industry Linkages in the UK: What are the Factors Underlying the Variety of Interactions with Industry [J]. Research Policy, 36 (9): 1295- 1313.

DAVIS J P, EISENHARDT K M, 2011. Rotating Leadership and Collaborative Innovation: Recombination Processes in Symbiotic Relationships [J]. Administrative Science Quarterly, 56(2): 159-201.

DEBORAH H, CRABB C, COOPER C, et al. 1998. Sticky Issues for Corporate-University R&D Alliances [J]. Chemical Engineering, 105(6): 39-43.

DEMSETZ H, 1973. Industry Structure, Market Rivalry and Public Policy [J]. Law and Economics, 16(1): 1-9.

DENG J L, 1982. Control Problems of Grey Systems [J]. Systems and Control Letters, 1(5): 288-294.

DETTMANN A, VON PROFF S, BRENNER T, 2015. Cooperation over Distance? The Spatial Dimension of Inter-organizational Innovation Collaboration [J]. Journal of Evolutionary Economics, 25(4): 729-753.

DIEZ J R, 2000. The Importance of Public Research Institutes in Innovative Networks-empirical Results from the Metropolitan Innovation Systems Barcelona, Stockholm and Vienna [J]. European Planning Studies, 8(4): 451-463.

DORIS S, CHRISTIAN R, MANFRED M, et al. 2002. Knowledge Interactions Between Universities and Industry in Austria: Sectoral Pattern and Determinants [J]. Research Policy, 31(3): 303-328.

EOM B Y, LEE K, 2010. Determinants of Industry-academy Linkages and Their Impact on Firm Performance: The Case of Korea as a Latecomer in Knowledge Industrialization [J]. Research Policy, 39(5): 625-639.

ETZKOWITZ H, LEYDESDORFF L, 2000. The Dynamics of Innovation: from National Systems and "Mode 2" to a Triple Helix of University-Industry-Government Relations [J]. Research Policy, 29(2): 109-123.

ETZKOWITZ H, LEYDESDORFF L, 1995. The Triple Helix-University-Industry-Government Relations: a Laboratory for Knowledge Based Economy Development [J]. EASST Review, 14(1): 14-19.

FERNÁNDEZ-ESQUINAS M, PINTO H, YRUELA M P, PEREIRA T S, 2016. Tracing the Flows of Knowledge Transfer: Latent Dimensions and Determinants of University–Industry Interactions in Peripheral Innovation Systems [J]. Technological Forecasting and Social Change, 113: 266-279.

FONTANA R, GEUNA A, MATT M, 2006. Factors Affecting University-Industry R&D Projects: The Importance of Searching, Screening and Signalling [J]. Research Policy, 35(2): 309-323.

FREEMAN C, SOETE L, 1997. The Economics of Industrial Innovation [M]. Cambridge: MIT Press.

GERTNER D, ROBERTS J, CHARLES D, 2011. University-Industry Collaboration: a Cops Approach to KTPs [J]. Journal of Knowledge Management, 15(4): 625-647.

GEUNA A, NESTA L J J, 2006. University Patenting and Its Effects on Academic Research: the Emerging European Evidence [J]. Research Policy, 35(6): 790-807.

GLOOR P A, 2006. Swarm Creativity: Competitive Advantage through Collaborative Innovation Networks [M]. Oxford: Oxford University Press.

GOYAL S, MORAGA-GONZALEZ J L, 2001. R&D Networks [J]. Rand Journal of Economics, 32(4): 686-707.

HALL B H, LINK A N, SCOTT J T, 2003. Universities as Research Partners [J]. Review of Economics and Statistics, 85(2): 485-491.

HANER U E, 2002. Innovation Quality: a Conceptual Framework [J]. International Journal of Production Economics, (80): 31-37.

HELLSTROM T, JACOB M, 1999. Evaluating and Managing the Performance of University-Industry Partnerships: From Central Rule to Dynamic Research Networks [J]. Evaluation, 5(3): 330-339.

HOLGER G, TOBIAS H, 2009. Public Research in Regional Networks of Innovators: A Comparative Study of Four East German Regions [J]. Regional Studies, 43(10): 1349- 1368.

JOANNA P T, JOHN B, DONALD S S, 2002. Universities and Fundamental Research: Reflections on the Growth of University-Industry Partnerships [J]. Oxford Review of Economic Policy, 18(1):10-21.

JUNG K, ANDREW S, 2014. Building R&D Collaboration between University-Research Institutes and Small Medium-sized Enterprises [J]. International Journal of Social Economics, 41(12): 1174-1193.

KETCHEN D, IRELAND R, SNOW C, 2007. Strategic Entrepreneurship, Collaborative Innovation, and Wealth Creation [J]. Strategic Entrepreneurship Journal, 1(3-4): 371-385.

KODAMA T, 2008. The Role of Intermediation and Absorptive Capacity in Facilitating University-Industry Linkages-An Empirical Study of TAMA in Japan [J]. Research Policy, 37(8): 1224-1240.

KOGUT B, 1988. Joint Ventures: Theoretical and Empirical Perspectives [J]. Strategic Management Journal, 9(4): 319-332.

KOSCHATZKY K, 2002. Networking and Knowledge Transfer between Research and Industry in Transition Countries: Empirical Evidence from the Slovenian Innovation System [J]. The Journal of Technology Transfer, 27(1): 27-38.

KUNBHAKAR S, LOVELL C, 2000. Stochastic Frontier Analysis [M]. New York: Cambridge University Press.

LACKA I, 2015. Evaluation of the Effectiveness of Relations in Network Organizations [A]//Sroka W, Hittmár S. Management of Network Organizations: Theoretical Problems and the Dilemmas in Practice [M]. Berlin: Springer International Publishing.

LAURSEN K, SALTER A, 2004. Searching Low and High: What Types of Firms Use Universities as a Source of Innovation? [J]. Research Policy, 33(8): 1201-1215.

LAUVÅS T, STEINMO M, 2019. The Role of Proximity Dimensions and Mutual Commitment in Shaping the Performance of University-Industry Research Centres [J]. Innovation: Management, Policy and Practice, (6): 1-27.

LEE C, PARK G, KANG J, 2018. The Impact of Convergence between Science and Technology on Innovation [J]. The Journal of Technology Transfer, 43(2): 522-544.

LEE Y S, 2000. The Sustainability of University-Industry Research Collaboration: A Empirical Assessment [J]. The Journal of Technology Transfer, 25(2): 111-133.

LEE Y S, 1996. Technology Transfer and the Research University: A Search for the Boundaries of University-Industry Collaboration [J]. Research Policy, 25(6): 843-863.

LUO M, SHI L, XIE M J, 2017. Research on the Construction Performance Assessment of Industry-University-Research Cooperation in Collaborative Innovation to Promote the Practice Base Construction Based on CDIO Idea [J]. Journal of Intelligent and Fuzzy Systems, 33(6): 3217-3226.

MUELLER P, 2006. Exploring the Knowledge Filter: How Entrepreneurship and University- Industry Relationships Drive Economic Growth [J]. Research Policy, 35(10): 1499- 1508.

NORMAN P M, 2004. Knowledge Acquisition, Knowledge Loss, and Satisfaction in High Technology Alliances [J]. Journal of Business Research, 57(6): 610-619.

OERLEMANS L A G, KNOBEN J, PRETORIUS M W, 2013. Alliance Portfolio Diversity, Radical and Incremental Innovation: The Moderating Role of Technology Management [J]. Technovation, 33(6-7): 234-246.

PENROSE E T, 1959. The Theory of Growth of the Firm [M]. New York: Wiley.

PERKMANN M, NEELY A, WALSH K, 2011. How Should Firms Evaluate Success in University-Industry Alliances? A Performance Measurement System [J]. R&D Management, 41(2): 202-216.

PETERAF M A, 1993. The Cornerstones of Competitive Advantage: A Resource Based View [J]. Strategic Management Journal, 14(3): 179-191.

PETRUZZELLI A M, 2011. The Impact of Technological Relatedness, Prior Ties, and Geographical Distance on University-Industry Collaborations: A Joint-Patent Analysis [J]. Technovation, 31(7): 309- 319.

PIVA E, ROSSI-LAMASTRA C, 2013. Systems of Indicators to Evaluate the Performance of University-Industry Alliances: A Review of the Literature and Directions for Future Research [J]. Measuring Business Excellence, 17(3): 40-54.

PLEWA C, QUESTER P, 2007. Key Drivers of University-Industry Relationships: The Role of Organizational Compatibility and Personal Experience [J]. Journal of Services Marketing, 21(5): 370-382.

PORTER M E, 1980. Competitive strategy [M]. New York: Free Press.

POYAGO T J, BEATH J, SIEGEL D S, 2002. Universities and Fundamental Research: Reflections on the Growth of University-Industry Partnerships [J]. Oxford Review of Economic Policy, 18(1): 10-21.

RATINHO T, HENRIQUES E, 2010. The Role of Science and Business Incubators in Converging Countries: Evidence from Portugal [J]. Technovation, 30(4): 278-290.

SANTORO M D, CHAKRABARTI A K, 1999. Building Industry-University Research Centers: Some Strategic Considerations [J]. International Journal of Management Reviews, 1(3): 225-244.

SANTORO M D, CHAKRABARTI A K, 2002. Firm Size and Technology Centrality in Industry-University Interactions [J]. Research Policy, 31(7): 1163-1180.

SANTORO M D, GOPALAKRISHNAN S, 2000. The Institutionalization of Knowledge Transfer Activities within Industry-University Collaborative Ventures [J]. Journal of Engineering and Technology Management, 17(3): 299-319.

SCHARTINGER D, RAMMER C, FISCHER M, 2002. Knowledge Interactions between Universities and Industry in Austria: Sectoral Patterns and Determinant [J]. Research Policy, 31(3): 303-328.

SERRANO V, FISCHER T, 2007. Collaborative Innovation in Ubiquitous Systems [J]. International Manufacturing, 18(5): 599-615.

SHAN W, WALKER G, GOGUT B, 1994. Interfirm Cooperation and Startup Innovation in the Biotechnology Industry [J]. Strategic Management Journal, (15): 387-394.

SHARMA V M, ERRAMILLI M K, 2004. Resource-based Explanation of Entry Mode Choice [J]. Journal of Marketing Theory and Practice, 12(1): 1-18.

SHYU J Z, CHIU Y C, YUO C C, 2001. A Cross-national Comparative Analysis of Innovation Policy in the Integrated Circuit Industry [J]. Technology in Society, 23(2): 227-240.

SILVA D R D M, LUCAS L O, VONORTAS N S, 2020. Internal Barriers to Innovation and University-Industry Cooperation among Technology-based SMEs in Brazil[J]. Industry and Innovation, 27(3): 235-263.

TAO S L, 2011. Development and Evolution of Industry-University-Research Cooperative Innovation Mode in China [J]. Journal on Innovation and Sustainability, 2(2): 69-76.

TEECE D J, PISANO G, SHUEN A, 1997. Dynamic Capabilities and Strategic Management [J]. Strategic Management Journal, 18(7): 509-533.

TU Z, GU X, YE Y, 2017. Synergy Evaluation of Industry-University-Research Institute Synergetic Innovation System Based on Knowledge Creation [J]. Journal of Discrete Mathematical Sciences and Cryptography, 20(1): 361-376.

VEUGELERS R, CASSIMAN B, 2005. R&D Cooperation between Firms and Universities: Some Empirical Evidence from Belgian Manufacturing [J]. International Journal of Industrial Organization, 23(5-6): 355-379.

WANG A D, CHEN C F, YANG J, et al. 2016. The Industry-University-Research Cooperation Innovation of Colleges [J]. International Journal Advances in Social Science Education and Humanities Research, 67: 167-170.

WANG C, ZHANG G, 2019. Examining the Moderating Effect of Technology Spillovers Embedded in the Intra- and Inter-regional Collaborative Innovation Networks of China [J]. Scientometrics, 119(2): 561-593.

WANG X, FANG H, ZHANG F, et al. 2018. The Spatial Analysis of Regional Innovation Performance and Industry-University-Research Institution Collaborative Innovation—An Empirical Study of Chinese Provincial Data [J]. Sustainability, 10(4): 1243-1258.

WELSH R, GLENNA L, LACY W, et al. 2008. Close Enough but Not Too Far: Assessing the Effects of University—Industry Research Relationships and the Rise of Academic Capitalism[J]. Research Policy, 37(10): 1854-1864.

WERNERFELT B, 1984. A Resource-based View of the Firm [J]. Strategic Management Journal, 5(2): 171-180

XU H, WANG C, DONG K, et al. 2018. A Study of Methods to Identify Industry-University-Research Institution Cooperation Partners Based on Innovation Chain Theory [J]. Journal of Data and Information Science, 3(2): 38-61.

后　记

　　随着中国经济转型发展以及建设创新型国家的战略需要，改革创新对加速产业结构优化升级、助推经济优质发展的重要作用日益凸显。煤炭作为中国重要的战略性产业，对国民经济的快速增长作出了巨大贡献。近年来，中国煤炭行业的整体面貌发生了翻天覆地的变化，煤炭资源的高效安全开发与清洁利用水平已进入世界先进行列，其发展关系到国家经济命脉的方方面面。然而，煤炭企业属于资源密集型产业，仍然存在如资源利用率偏低、创新水平不高等问题，煤炭企业应当借助创新积极推动行业发展。党的十九大报告指出，应建立以企业为主体、市场为导向、产学研深度融合的技术创新体系，这为煤炭行业创新发展提供了一条路径。因此，本书围绕煤炭企业产学研协同创新这一主题，在阅读大量文献的基础上，从测算煤炭企业产学研协同创新的程度、明晰煤炭企业产学研协同创新的影响因素以及厘清煤炭企业产学研协同创新与技术创新质量的关系三方面进行规范研究后成稿。

本书是相关项目研究成果的积累，是对当前研究工作的总结。在本书付梓之际，感恩之情涌动心中。

自进入太原理工大学经济管理学院工作以来，学院面貌日新月异，学院上下呈现"敢为人先、敢于创新、勇于竞争"的干事创业局面。经济管理学院领导一直关怀和支持我们，学院同事给予我们许多帮助，能够与这一群热爱生活、热爱工作的领导和同事一起成长、一起拼搏、一起努力是我们的荣幸，在此表示由衷感谢！

在本书写作过程中，感谢学生张晶协助完成文献检索与整理工作，感谢学生侯佳雯协助完成数据收集和分析工作，感谢学生费玉婷、马靖、李娜、何智敏、田晓煜、崔文卉、姜珂、吴慧超、闫乐和王冰所做的文献整理和文字校对工作。感谢他们对本书的辛勤付出！

本书得以出版，还要感谢本书责任编辑的辛勤工作！

最后，谨以此书献给所有帮助和支持过我们的人！